JN017714

こんな世の中で
生きていくしか
ないなら

ryuchell《りゅうちぇる》

朝日新聞出版

supply inc.

はじめに

「なぜ、生きているんだろう」

幸せなときは、そんなこと1ミリも思わないのに、つらいときは、考えてしまう。

自分の物差しで人と比べてしまい、自分の価値を自分で決めつけてしまう。

自分のことが、嫌いになる毎日。

自己判断でしかない自分の点数が、現実的に感じて、悲しくなる夜。

前向きな言葉が、すべて、綺麗事に聞こえる日もある。

自分より輝いている人は、眩《まぶ》しすぎるから、正直、見たくないときもある。

僕は、テレビでの発言やキャラクターから、「明るくてハッピーなりゅうちぇる」と思われているかもしれない。なんに対しても前向きで、悩みなんてかけらもないように見えているかもしれない。

でも僕は、基本的にこの世の中はつらいことばかりだと思っている。争いはなくならないし、理不尽なことも多い。僕は芸能の仕事をさせていただいているけれど、自分の発言で世の中が変わるなんて思ったことはないし、絶対に変わらない。

10年後も100年後も、腹立つ人間は死ぬまで周りにいるだろうし、嫌いな人とも出会ってしまうだろう。おじいちゃんになって急に悩みもなくなって幸せになるなんてはずはない。死ぬまできっと、何かと戦いながら、日々勉強して、大変なはずだ。

それでも、僕たちはこんな世の中で生きていかなくてはならない。だから僕は、いくつかの武器を身につけた。

それは、

諦めること、

割り切ること、

逃げること、
戦わないこと。

そして、
期待しないこと。

これらの武器を身につけたことで、僕はこんな世の中でも幸せを感じられるようになった。自分や大事な人を守っていく自信も持てるようになった。

ここ数年僕は、ＳＮＳやＹｏｕＴｕｂｅなどを通して、自分が考えていることを発信するようにしてきた。すると、これまで多かった10代、20代の方たちだけではなく、子育て世代や、僕の親と同じくらいの世代の方々からも、たくさんの感想をいただくようになった。

生きづらい世の中を、少しでも幸せに感じられるようにしたいと願うことに、年齢は関係ないのだろう。

この世の中に、「正解」があるわけでもない。

この本では、僕が日々どんなことを考えて、こんな世の中を生きているかを書きたいと思っている。

耳に心地いいことを言うのは簡単だけれど、ここでは一切の綺麗事を書かない。ひょっとしたら、普段の僕のイメージとはギャップがあるかもしれないけれど、僕の本音の本音をさらけ出したいと思う。

先に書いたように、僕は、自分の発言で世の中が変わるなんてことはないと思っている。でも、これを読んでくれた人の毎日が、ほんの少しでもラクになったり、明るくなったりするきっかけになれたら……と願って書きます。

こんな世の中で
生きていくしかないなら
目　次

Chapter 1
「自己肯定感」なんて簡単に言うけどさ……

Chapter 2

「割り切り」と「共感力」

Chapter 3

「普通」と「個性」の間で

Chapter

4

僕を成長させる

Chapter

5

こんな世の中で生きていくしかないなら

ブックデザイン／原田恵都子（Harada＋Harada）

制作協力／片山朝子

編集協力／佐藤友美

写真／喜瀬守昭（サザンウェイブ）

撮影アシスタント／伊波栄子（サザンウェイブ）

ヘアメイク／megu

Chapter 1

「自己肯定感」なんて簡単に言うけどさ……

no.
01

自己肯定感なんて、
そんな簡単に
手に入らないよね。

自分を好きになるって難しい

「自己肯定感」の重要性については、最近さまざまな場所で語られている。

自己肯定感って「自分の存在や価値を肯定できる感覚」のこと。

僕自身も、自己肯定感を持って生きることはとても大切なことだと思っていて、いろんなところで話す機会をいただいている。僕とぺこりんの子育ての方針も、子どもの自己肯定感を育むことを一番大事な軸にしている。

僕が自己肯定感について、とくに意識するようになったのは、育児セラピストの勉強をするようになってから(育児セラピストは、子育てに必要な幅広い知識を持つ「育児の専門家」のこと)。

自己肯定感が高いほど、共感力が育まれて、自立も早いという。

けど、いま自己肯定感を持てていない人や、自分を好きになれない人に向かって、「まずは自分のことを愛することから始めよう!」

と言うのは、ちょっと綺麗事すぎるよね。


僕はこれまでも、いろんな取材で自己肯定感について聞かれてきた。

そのたびに、「大人になってから自己肯定感を身につけることや、自分を好きになることは、とても難しいことだと思う」って答えてきた。それが、誠実なコメントだと思ったから。

でも残念なことに、記事になったときには、「自分を愛することから始めよう☆」のような、キラキラした言葉に変わってしまう。

だから、ここではちゃんと自分の言葉で伝えたいと思う。


自分を愛することって、そんなに簡単なことじゃない。

自己肯定感の形成は、子どものときに、周りの大人たちがどんな接し方をしてきたかが大きく影響すると言われている。

だから、大人になってから自己肯定感を手に入れるのは、並大抵のことではない。

小さなころからずっと自分のことを好きになれなくて、そのまま学生時代を過ごして大人になっているのに、今日から突然「自分のことを好きになりなさい」なんて言われても、そんなすぐに変われるわけがないよね。

人と比べられて、自分で自分の価値を決めつけ、できない自分に落ち込むことも増えていく。あなたを守ってくれないこんな世の中で、いつの間にか自分を大切にできなくなることだってある。

そんなハードな状態で、これまでの「自分を好きになる」が急にできるようになるなんて、僕はそんな薄っぺらな綺麗事は言いたくない。

それができないから、みんな悩んでいるのだ。

自分を甘やかすことから始めてみる

どうしても、自分のことを好きになれないことってある。それは仕方のないことだと思う。

そんなとき、どうすればいいのだろう。自分のことを好きになれなくても、まずは甘やかすところから始めるのはどうだろう。

・今日サボってしまったところ
・頑張れなかったなと思うところ
・自分の性格の悪いと思うところ……

こういう自分の嫌だと思うところを、まずは甘やかして、「それでもいいや」「そんな自分でも許してあげよう」って思うようにすることからスタートするのはどうかな。

ダメだった自分を責めるのではなく、甘やかして、そんな自分でもいいじゃないと認めてあげること。

そうやって、ちょっとずつ自分を甘やかせるようになって、認めてあげることができるようになれば、そのうち少しずつ自分のことを許すことができたり、好きになれたりする部分が出てくると思う。


いますぐに好きになれなくてもいい。

でも、そんな自分のことを、認めてあげて。

きっと、もう十分、これまで自分に厳しくしてきたはずだから。厳しくしてもうまくいかないなら、違うやり方を試す。

自分自身がすり切れてしまう前に、甘やかしてあげて。

no.
02

自分を好きになる
過程って、なんだか
貯金に似ている。

小さな積み重ねが、自信になっていく

自分を好きになるのって、ある日突然できるようになることじゃない。だから僕は、「小さなことの積み重ね」が大事だと考えている。

今日は「いただきます」と「ごちそうさま」をちゃんと言うことができたとか、靴を綺麗に並べることができたとか。

そんな小さな簡単なことからでいい。

もし今日、二つのことができたとしたら、1カ月後には60個のことができるようになっているし、1年後には「できたこと」がたくさん積み上がって成長しているはず。

そういうことを、毎日続けていくことで、たとえ小さなことであっても、継続している自分が何か誇らしく思えたり、少しずつ認めたり好きになったりできるようになる。

まずは、「昨日よりも素敵な自分」を目ざしてみるのはどうだろう。

そう考えると、自分を好きになる過程って、なんだか、貯金みたいなものだとも思う。貯金だって、急に１００万円は貯まらない。毎日のコツコツが形になり、それを続けられた自分への自信につながっていくんじゃないかな。

他人を認めると、自分も認められるようになる

海外では、自己肯定感を高める教育をする前に、まずは「共感力」を高める練習をすると聞いたことがある。

自分とは違う意見や反対の意見に対しても、まずは耳を傾けて「なるほどね」と受け止める練習をする。

相手が相手らしくあることを認めて、理解すること。そうすることで、自分が自分らしくあることも認められるようになって、心にも余裕が生まれてくる。

これをくり返すことで自己肯定感が高まっていくのだそう。

この話を聞いたとき、「他人を認めることで、自分のことも認められるようになるんだ」と深く納得した。

「自分を愛せないと、人を愛せない」ってよく聞くよね。このこととも、つながっているような気がする。

もっと言えば、「自分を愛せてこそ、人をもっと愛せるようになる」かな。

相手に共感する心を持ち、相手を認める作業も、自分を好きになるために大切なことかもしれない、と僕は思う。

no.

03

「自分らしさ」って、そもそも必要なのかな？

「個性的だね」って言われるけれど……

ファンの方から、

「りゅうちぇるって、すごく個性的だよね」

「りゅうちぇるって、自分らしさを持っているよね」

って言われることがある。

こう言われるたびに、うれしい気持ちにもなるけれど、少しモヤッとした気持ちにもなる。

なぜなら、僕自身は「個性的だ」と思ったことは一度もないから。

たしかに、昔から人と同じ物を持ったり、同じ服を着たりすることは嫌いだった。小学生のとき、同じ筆箱を持っている子がいたらすぐに変えるくらい、人とかぶるのは嫌だった。

そういう特徴はあったと思うけど、それって「自分らしさ」かな。

僕は「自分らしさ」よりも、「自分がどう生きたいか」「何が好きか」を大切にしている。

自分が好きな格好をして、好きな人と一緒にいるだけ。

「自分がどう生きたいか」ってことは考えるけど、「自分らしく生きよう」って考えたことは、ほとんどない。

僕はこの生き方しか知らない。この生き方しかできないだけ。


だから、「りゅうちぇるは自分らしく生きている」って言われるたびに、自分らしさって一体なんだろうと、考えてしまう。

「自分らしく」も強要されるとキツイよね

「自分らしく生きようよ」

なんて、最近よく言われるけれど、僕はそういう言葉を聞くたびに、

「そうしたいなら、すればいいじゃない。でも、他人に強要しないでよ」

って思ってしまう。こっちはこっちで勝手に決めるからって。

僕は派手な服を着るのが好きだけど、目立ちたいからやっているわけじゃない。ただ好きなだけ。それと同じように、地味な服を着るのが好きな人もいるよね（シックな感じって言ったほうがいいかな）。

それでいいんじゃないかな。

それだけじゃなくて、「本当は派手な服を着るのが好きだけど、やっぱり勇気が出ないから、いまはこれくらいに抑えておこう」「あまり目立つと恥ずかしいから、これくらいにしようかな」って考えて選んだ服だっていい。

それを「自分は弱いから、本当に好きな服が着られないんだ」って思うんじゃなくて、「こういう選択ができる自分って、まあ賢いよね〜！」って思えばいい。

ネガティブに見えることでも、少し見方を変えるだけでポジティブになる。

自分が「弱い」か「強い」かどうかも、あまり気にしなくてもいいような気がする。

そもそも人間って、どこか「弱さ」を抱えながら生きているところがあると思う。

でも、「弱い」って言うと、ネガティブな印象になってしまうよね。

僕は、周りの目を気にして判断することを「弱さ」だとは思っていなくて、「柔軟さ」だと思っている。

これもやっぱり、自分を「認める」作業なんだと思う。「弱さ」じゃなくて、「柔軟さ」や「賢さ」。

そんなふうに考えて、自分を認めていけるといいな。

no.
04

みんなが「特別」な
存在なんだよ。
あなたは何色？

「自分らしさ」の呪いを解いてあげる

「自分らしく生きられない」と悩んでいる人の話を聞くと、相手によって自分の態度が変わってしまうことに悩んでいる人が多いと感じることがある。

でも僕は、自分の姿を出すべき場所と出すべきじゃない場所は、自分で決めていいし、相手によって、自分を変えてもいいと思っている。

「人によって態度を変えるなんて！」と思う人もいるかもしれない。

でも、ちゃんと自分の「らしさ」をわかっていて、それをこの人だけには見せられるという人を、一人でも見つけられていたら、十分それで「自分らしく」生きられていると思う。

あとで書くけれど、僕自身も中学時代は、自分を隠して生きていた。それは、そのときの自分を守るためでもあったけれど、苦しかった。

つらい時期ではあったけれど、それでも家族の前ではリラックスできたし、自分のままでいられたのが救いだった。


近しい人であるほど、自分の本当の姿を見せにくいと思っている方もいるよね。

でも、「親には自分の本当の姿は絶対見せられないけど、友だちには見せられる」のであれば、それで十分。

僕自身も、地元の友だちだけに見せている顔がある。それはもう、りゅうちぇるではなく、超「比嘉龍二」。

その姿は、絶対にテレビでは見せないし、見せる必要もないと思っている（でも最近は、ＹｏｕＴｕｂｅでちょっと見せてるかな）。

そうやって、自分を使い分けることも、アリなんじゃないかな。

人間はみんな、生まれつきの役者

人間って生まれながらにして、みんな「役者」なんだと思う。

場面場面で、接する相手によって、「これがいい」と思う自分を演じ分けている。話をするときも「この場所でこの発言をしたら、一番よく映えるな」って思いながら話しているところがあると思う。

ひょっとしたら、そんなふうに振る舞うことで、自分のことを「二重人格」や「八方美人」のように思えてしまうかもしれない。そして、「どれが本当の自分なのか、わからない」って落ち込んでしまうのかもしれない。

でも僕は、それの何が悪いの？って思ってしまう。

僕だってメディアに出るときは「りゅうちぇる」だけど、そうじゃないときは「比嘉龍二」。

演じるって、上手に生きる術だよね。むしろそれは、「世渡り上手」で利口な生き方。演技ができたほうが、やっぱり人間関係もうまくいくと思う。

「話がつまらないな〜」って思っても、態度に出さずに、ときには「いまの話、おもしろいね！」なんて言って、しっかり演じる。

そういう演技力って、人生で大事なんじゃないかな。

それだけじゃない。

「この人といるときは、こんな自分でいたい」って思うことも、やっぱり自分らしさのひとつだと思う。

たとえば、「あの子、恋人ができてから性格変わったよね」なんてことを、言ったり言われたりすることがあるよね。僕も高校生のころは、友人たちとそんな話をした経験がある。

でも、誰かと付き合って、性格が変わったり、雰囲気が変わったりするのは、素敵なことじゃないかな。その人と付き合ったことで、新しい自分になりたいと思えたわけだから。

そんなふうに柔軟に変われるその人のことが、昔はカッコ悪いって思ったりもしたけど、いまでは素敵だと思うし、可愛らしいなと思う。

もちろん、「ブレない自分」を持っている人もカッコいい。でも、一生変わらない自分を貫いていくというのは難しいんじゃないかな。

僕自身も、どんどん色が変わってきている。たとえるなら、10代のころはピンクや黄色のイメージだったけど、いまは茶色かな。そのときどきで、考え方も変わっている僕がいる。

きっと、死ぬまで「自分らしさ」なんてわからない。

たとえいま、「自分らしさがない」って思っていても、ゆっくりゆっくりと見つけていくのでもいいし、死ぬまで探し続けるのでもいいんじゃないかな。何事も決めつけすぎると、息苦しくて、つらいだけだから。

あなたの「色」は、何色？

無色透明だって、立派な「個性」

以前お会いした、ある俳優の方の、こんな言葉が印象的だった。

「私には個性がない」

そのとき僕は、それ自体がものすごい「個性」だと思った。

たとえていうなら、無色透明みたいなこと。僕がなろうと思っても絶対になれない。

無色透明って、どんな色にも染まることができる。だからこそ、その俳優の方はどんな役にも染まれるのだと思った。


それと同じで、自分に個性がないと思っている人も、それ自体が個性だと考えてみたらどうだろう。


「人と一緒でいい」ならそれもいい。それは僕には絶対にない個性だし、誇りに思っていいし、大事にしてほしい。なにも、個性＝派手な人、目立つ人じゃないから。

それもやっぱり、あなたにしかない、誰にもマネできない個性だと思う。

自分の「好き」ってなんだろう？

それでもやっぱり、「自分らしく」いたいと思う人には、まずは自分の「好き」と「嫌い」を知ることをおすすめしたい。

「好きなものがない」とか「自分の好きなものがわからない」という人は、そもそも自分の「好き」を見つけようとしていないんじゃないかって思う。

本や漫画を読んで「好き」を見つけるのもいい。憧れのタレントがいるなら、それは「好き」だし、洋服の「好き」を見つけるのだっていい。

そうやって、自分の「好き」をいくつも集めた先に「自分らしさ」が見つかるような気がする。好きな人のヘアメイクを真似るのでもいいし、好きな映画や音楽の世界観を自分に取り入れていってもいい。

そうすることで、だんだん自然と「自分らしさ」がわかってくるはずだから。

no.
05

自分で自分の
機嫌をとれるって、
カッコいいかも。

自分で自分のテンションを上げていく

どんなことでもいいから、自分の「好き」があると人生は楽しい。

僕は、オーガニックのコスメが好きだったり、フラワーエッセンスをおでこにたらしてリラックスしたりするのが好き。ちょっとスピリチュアルな感じだけど、そうするといい夢が見られるような気持ちになる。

そうやって、自分がポジティブになれることをひとつずつ増やしていく。


自分のテンションを上げていくことって、僕にとっては超重要。

キラキラ好きの「港区女子」みたいな人が、ジムで体を鍛えた写真や豪華な生活の様子をストーリーとかにあげていたりするよね。

あれって、はたから見ると、ただの自慢みたいでちょっと鼻につくかもしれないけど、そういう人って、自分のモチベーションを自分で上げられる人。僕は素敵だと思う。

僕は「港区女子」っぽい人のインスタを見るのが大好きで、裏垢《うらあか》でフォローしている。

他人にどう思われようと、そういう生き方をしている人には、「幸せな瞬間」をきちんとキャッチできる能力がある。

それはそれで、人生の楽しみ方を知っているのかも。

自分のための時間をつくる

「自分はどう育ってきたのか」

「どうしてこんな人間になったのか」

そんなことをあらためて時間をとって考えるのも、いいと思う。

普段はどうしても仕事や育児のことで頭がいっぱいになって、自分のことがおろそかになってしまうことってあるよね。パンクしそうになってしまうことだってある。

だから、ゆっくり自分のことを振り返って、自分のことだけに費やす時間をつくる。

僕は、キャンドルを焚《た》いて瞑想《めいそう》するのが好き。そして、ゆっくりと自分のことを振り返る。

「僕は、どうしてこういう考え方をするようになったのだろう」

「僕にとっての本当の幸せって何だろう」

なんて自問自答する。

好きな音楽を流してもいいし、部屋を薄暗くしてもいい。そうやってリラックスできる空間で自分のルーツを遡《さかのぼ》ってみたりする。

すると、ふっと悩んでいることの答えにたどりつくことがある。ときには、気づいたら涙が出ていることもあるけれど、それも素敵なデトックス。

そういう時間を大切にすることで、毎日の疲れから解き放たれたりする。

夜、ソファに座ってリラックスして、しっかり意識しながら深呼吸するだけでもいい。

何もしない、ただ自分のためだけの時間を少しでもつくってあげること。

子育てやお仕事をしていると、深呼吸をつい忘れてしまいがちだから。

no.

06

「男だから」「女だから」って、なんか意味あるの？

「普通」って、どこにあるの？

「普通」という言葉、僕もよく使っちゃうけれど、場合によっては、人を傷つける言葉だなって思うことがある。

仲のいい友だち同士、バイブスが合うよねという意味で「普通はさー」って言うのはいいけど、いろんな人がいる場面で、「普通は」という言葉を使うのは、いまの時代には合わないような気がしている。

「普通、男の子って……」とか「普通、この年になったら……」とかって言い方は、なんだか自分だけ仲間外れにされたような感覚にもなる。

「普通」って何だろう。

それって、どこにあるの？

「人と違うから、からかわれるんだ」

僕は、昔から「もっと普通に生きたら？」と言われてきた。

いまなら、「普通に生きるって何？」って思えるけど、当時はそれを真に受けて、

「これじゃダメなのかな？」

「もっと普通に生きたほうがいいのかな」

って思うこともあった。


幼少期はお人形遊びが大好きで、バービー人形で遊ぶことが多かった。

男の子からも女の子からも「バービーで遊ぶって、『オカマ』じゃん。女の子じゃなくて、男の子が好きなんでしょ」って言われた。

「僕はたしかにバービーが好きだけど、それとこれとは別だし違う。そんなこと決めつけないで」って思っていた。でも、そのときはうまく言葉にできなくて。

なんでそう決めつけられるのか不思議で仕方なかったけど、からかわれるのが嫌だった。

だから、「僕は他のみんなと違うんだ」「僕が間違っているかもしれない」と受け入れるしかなかった。

「いっそ僕が、男の子が好きだったらわかりやすいのにな」って思ったこともある。

「ジェンダーレス男子」に抱いた違和感

テレビに出始めたころ、すぐに「ジェンダーレス男子」と言われるようになった。

「男なのにどうしてメイクをしているの?」「どうしてそんな格好をしているの?」と不思議がられもした。

でも僕の中では、「ジェンダーレス男子」って、何のことだかわからなかった。

僕は「ジェンダーレス男子」だと思って生きてきたわけじゃない。だから、その言葉に違和感があった。言葉だけが一人歩きしているような気がしていた。

でもやっぱり、世間ではわかりやすい言葉が好まれる。それまで見たことがなかった僕のような人間に、「ジェンダーレス男子」というカテゴリーをつくって、当てはめておくことで安心したんだと思う。

だから、世間はわからないものに出会うと、とりあえず「型」や「枠」をつくって、そこにはめようとする。

いまでこそ、「りゅうちぇるがテレビに出てくれて、『男の子でもこんなふうに生きていっていいんだ』って思えてラクになった」とか、僕よりも上の世代の方からも「自分で生き方を選べる、いい時代になったと思えた」とか、うれしい言葉をいただく。だから、結果的に「ジェンダーレス」という言葉が浸透したことも、悪いことばかりではなかったのかもしれない。

言葉があることで、見えなくなること

「ジェンダーレス男子」といったカテゴリーをつくったとしても、その中にいる人たちは、それぞれがそれぞれの違いを持っている。

けど、見た目や服装といった外見上のわかりやすい「飾り」だけで判断されると、その違いは見えなくなる。僕の違和感も、そこにあった。

これって、「ジェンダーレス男子」の話だけに限らないよね。

ひとくちに「原宿系」といっても、「ロリータ」「デコラ」「パンク」「フェアリー」「病みかわ」といった系統もあれば、僕とぺこりんのような80～90年代のアメリカンテイストな系統もある。

外から見ればみんな「原宿系」とくくられるけど、中にいる人たちの間では、その差は歴然。

ギャルだってきっとそうだし、もっと言えば、ＬＧＢＴＱだってきっとそう。みんなそれぞれがこだわりを持っていたり、それぞれに違いがあったりするのに、わかりやすくカテゴライズされて語られてしまう。

名前をつけてひとくくりにするって、ときには便利なことでもあるけど、それに慣れすぎると、それぞれが違った考えを持っているという、パーソナルな部分が見落とされたりしないかな。

「多様性」が注目されるようになって、世の中的にもそれぞれの違いを尊重しようといった雰囲気は少しずつ芽生《めば》えてきている。でも、まだまだ「男だから」「女だから」といった言葉にも縛られている。

あらゆる場面で個人の自由が認められやすくなったかというと、まだまだな気もしている。

本当の意味での多様性を考えていくうえでは、「単純に名前をつけてひとくくりにしない」ということも大事な点だと思う。

僕は僕でしかないし、あなたはあなたでしかないんだから。

no.
07

幸せの形は「人それぞれ」。
不幸かどうかなんて
他人に決められない。

賛否両論あったタトゥーへの考え方

僕が多様性について考えるときに、とてもいい経験をしたと感じたのは、タトゥーを入れたときのこと。

僕は、ぺこりんの名前と子どもの名前のタトゥーを体に刻んでいる。「家族を守っていくんだ」という気持ちをより強く持つために、覚悟を持って入れたつもり。

実際、鏡に自分の体のタトゥーがうつると、癒《いや》されるような気持ちになったり、もっと頑張ろうと思えたりもする。自分を奮い立たせるためのものでもある。

僕のタトゥーの写真をインスタにあげたとき、想像以上に賛否両論いろんな意見がついた。

「すごく可愛い！」と反応してくれた方もいれば、「どんなデザインであってもタトゥーは、入れるべきではない」といった意見もあった。

僕はそのときのインスタに、「タトゥーに対する偏見がなくなればいいな」ってコメントしたけど、それに対して、「そんな簡単に、偏見がなくなるわけないでしょ」「タトゥーを入れている人はやっぱり怖いし、そういう発言をしないでほしい」などの意見が寄せられた。

タトゥーを入れている人は怖い。

この意見は、それまでの僕にはない感覚だった。

「おじいちゃん」ならOK？

僕は沖縄生まれで、近くには米軍基地があった。繁華街には外国人向けのショップも多く、タトゥーに関係するお店も当たり前のようにあった。沖縄の中でも、よりアメリカンな異国情緒あふれる街並みで育った。

だから、タトゥーに対して慣れっこになっていたというか、僕にとってタトゥーは、日常的な風景のひとつでもあった。

やくざ映画に出てくるような彫り物とタトゥーとは、まったく別のものだと思っていたけれど、それは僕の勝手な考えだったのかもしれない。

ただ、「外国人が入れるんだったらいいけれど、日本人のりゅうちぇるが入れるのは良くない」といったコメントもあって、モヤッとした気持ちになった。

僕はアメリカ人の祖父を持つクウォーター。「アメリカ人の僕のおじいちゃんはタトゥーを入れてもOKなの？」なんて思ったりもした。屁理屈かな？

みんなそれぞれが「偏見」を持っている

「親にタトゥーが入っていると、子どもがかわいそう」って意見もあった。

たしかに、子どもが大きくなって、僕のタトゥーを見たときにどう思うだろう。それはわからない。

僕の父親にもタトゥーが入っている。龍のタトゥー。僕はそれをとても素敵だと思いながら育った。


そんな父に、あるとき「どうして龍の絵なの？」と聞いたことがある。

「龍（僕）が生まれたから、龍のタトゥーを入れたんだよ」

その言葉を聞いたときに、僕は父からのものすごく大きな愛を感じた。

僕にとってタトゥーは、親の子に対するはかりしれない愛を感じる原体験だったのだ。

僕は父の入れた龍のタトゥーが好きだった。だから、子どもが生まれたら、僕もタトゥーを入れたいというのは、ひとつの夢でもあった。


僕のタトゥーについて、賛成も反対もいろいろな意見に触れることができた。

人はそれぞれ考え方があって、僕の考え方も偏っているところがあるかもしれない。

だけど、お互い、その考えを人に押しつける必要はないんじゃないかな。

僕の生きていく道を誰も決めることはできないし、僕の子どもが幸せか不幸せかも誰かが決めることはできない。

幸せの形だって、「人それぞれ」なんだから。

寄せられる意見を読んで、このことをより強く感じることにもなった。

こういう生き方があっていいよね

僕は「自分がどう生きていきたいか」を軸にして生きている。

タトゥーを入れたことで、仕事が減ったりすることはなかった。もちろん、これは徐々に時代が変わってきているおかげでもあると思う。

「パパなのにメイクをしている」
「タトゥーを入れているけれど芸能人をしている」
「タトゥーを入れているのにCMに出ている」

そう思う人もいるかもしれない。

僕自身は、世界を変えられるなんて思っていないし、そんなことは僕ひとりの力でできるものではない。でも、一人でもいいから、誰かのほんの少しの「きっかけ」がつくれたらいいなって思う。

「こういう生き方があってもいいんだよね」と思ってもらえるような、そんな存在。

それが、僕が芸能の仕事をやっている唯一の理由。

それくらいの影響力も持てないなら、芸能人をやっている意味もないかなとも思う。


僕はこれからも、みんなに生き方を強要することは絶対にしない。僕みたいな生き方をしたほうがいいよ、なんて全然思ってもいない。

でも、「自分がどう生きていきたいか」を軸に生きていくことは、幸せになるための道かもしれないよ、ということは見せていきたいな。

Chapter

2

「割り切り」と「共感力」

no.

08

人間は「役者」。

全員に好かれるなんてありえない

人は誰しもが知らず知らずに「役」を演じている。

その場その場の空気を読んで、一歩前に出てみたり、一歩引いてみたり。近づいたり、距離をとってみたり……。

接する人との関係によっても、態度が変わったりするよね。

人間関係って大変！

それでも、僕らはすべての人から好かれることなんてできないし、好きになることもできない。人には相性もあるし、誰とでも仲良くすることのほうが難しい。

実際に僕にも苦手な人や嫌いな人はいる。

この世の中を渡っていくのに、僕がとても大事だと思っていることのひとつが「割り切る」ということ。

だから、僕はこう思うんだ。

この先一生、世の中の人全員から好かれることはないし、どんな意見を言ったとしても、全員が賛成してくれるわけではない、ってね。

そのことを受け入れてしまったほうが、ラクだと思う。


めちゃくちゃ人気のアイドルだって、嫌いだという人はいる。ものすごく綺麗な俳優さんであっても、あの人のことを綺麗だと思わないとか、あの人の顔は嫌いということもある。

みんなだって、そこまで強い理由はないけれど、なんとなく嫌いだなあとか、苦手だなあって思う人がいるよね。

どんなに完璧に見えたり、愛されているように見えたりする人だって、嫌われたり苦手に思われたりしている。だとしたら、まずはそのことを、受け入れてしまったほうがよくない？

これが僕の言う「割り切り」。


そのうえで、僕が大事にしているのは、「自分がどんな人間でありたいか」ということ。

100年後も、悪い人や嫌いな人はいなくならない

「自分がどんな人間でありたいか」ということを大事にしているのには理由がある。

この先ずっと、世の中から悪い人や嫌いな人がいなくなることはないと思うし、どうせみんなに好かれるはずなんてない。

もしかしたらこの先、いまよりもいろんなことを経験して、成長することで、嫌いな人に寄り添える心の余裕ができるかもしれない。嫌いな人が、減っていくかもしれない。でも、1年後にも10年後にも100年後にも、僕の周りには、そしてあなたの周りにも、多かれ少なかれ必ず嫌いな人はいる。世の中の全員が、自分にとっていい人になるなんて、死ぬまでありえない。

だとしたら、人の目や人の意見を過剰に気にしたり、周りを基準にして振り回されたりするよりも、「自分がどうありたいか」をしっかり持っているほうが、ずっといいし、自分を見失わずにすむと思う。

僕はそんなふうに考えて、毎日を過ごしている。

no.
09

僕は「アンチ」にだって感謝する。

ビジネスカップルだと言われ続けて

僕が「割り切ったほうがラクだ」って考えるようになったのは、ある意味、僕のことが嫌いな「アンチ」のおかげかもしれない。

芸能という仕事柄もあって、僕はこれまでいろいろなアンチの声を聞いてきた。

昔の僕にとって一番腹が立って傷ついたのは、ぺこりんとの関係のこと。

お互い真剣に付き合ってきたのに、どこへ行っても僕たちは「ビジネスカップル」と言われ続けた。

最初は「僕たちのことを何も知らないくせに!」ってイライラもしたけど、あるときから、あまり気にならなくなった。「そういうふうに捉《とら》える人もいるんだな」って感じで流せるようになった。

それは、さっき書いたように、人の言葉に対して「割り切る」ことができるようになったからだと思う。

自分の心を守るためにも、理不尽な言葉は「心の中」に入れなければいい。

そもそも、一緒にご飯に行ったこともないような人に何か言われても、傷つかない。会って直接話したこともない人たちの言葉を気にする必要はないと思えた。

僕に「割り切る」ことを教えてくれたのは「アンチ」。

だから、感謝すらしている……って言ったら、さすがに言い過ぎかな。

あまり気にならなくなってからは、僕たちがあまりにもお似合いで、二人のオーラが可愛すぎるからこその噂だね、なんて思えた（それでも、たまに落ち込んだりはしたけどね……）。


ちなみに、ビジネスカップルだと言われた、ぺこりんとの関係は、結婚しても「ビジネス婚」と言われ、子どもが生まれてから、やっとそういうことを言われなくなった。

「割り切る」ことを覚えると、どこかムキにならずにすむ。

たまたま僕は、その人の「嫌いな人」に当たっただけなんだから。

いくつもの指摘が成長させてくれた

事実とは明らかに違う理不尽なコメントは別として、厳しい指摘や批判も含めて、いろんなコメントをもらうことは、決して悪いことばかりではない。

応援ではない、僕に対する厳しい言葉があったからこそ、考え方が変わったり、視野が広がったりしたこともあった。

僕がバラエティ番組に頻繁《ひんぱん》に出演していたころ、「スタジオで足を組むなんて失礼だ」という意見をもらったことがあった。

僕は、そういうことを考えたこともなかったし、大きな態度をとっているつもりもなかったけど、「そんなふうに不快に感じる人もいるんだな」と気づくことができた。

芸能の仕事は人気商売だ。そして僕は、とくにポリシーを持って足を組んでいたわけではない。

だから、テレビで足を組んでいることが視聴者の方を不愉快にさせるのであれば、これからはやめようと素直に思えた。

「先輩に対して、生意気な物言いをして」と、叱られたこともある。

バラエティ番組で笑いを取るための発言だったら別だけど、そのような意図のないところで生意気と思われてしまうのは、ただの損。

自分の伝えたい真意が、言い方ひとつで伝わらなくなってしまうほど、もったいないことはない。これからは言い方にも気をつけようと思えた。


僕に対する批判や厳しいコメントの中には、僕が知らなかった、意識していなかった見方があることを教えてくれるものがある。

それは、僕に「世の中」や「社会」を教えてくれているのかもしれない。僕自身を成長させてもくれる。

だから、すべての厳しいコメントに対して、「これはどうせアンチだから」と切り捨てないようにしている。

僕とぺこりんの間に子どもができたときにも、いろんなことを言われた。

僕たちの家には、壁を黄色にペイントした部屋があるけど、「黄色い壁の部屋は、お子さんへの『色の暴力』ですよ」と言われたり、「パパとママになるんだったら、髪の毛の色を黒くしないとだめだよね」って言われたりしたこともあった。

以前の僕なら、「どうしていちいちそんなこと言われなきゃいけないの」ってイライラしたり、「はぁ？　なに言っちゃってんの？」ってシャットアウトしたりしたかもしれない。けど、いまは「そう考える人もいるんだな」と思うようにしている。

「そういう人もいるんだ」とひと呼吸置くだけで、冷静な気持ちにもなる。

「いろんな人がいる」と感じることは、自分が何か話すときに、人を傷つけないように話そうと考える想像力にもつながるから。


「僕は可愛いし、生きます」

このあいだ、「ブス、死ね」というメッセージが僕に届いた。

その言葉を見たとき、僕に投げつけなきゃやっていけないその人には、どんなことがあったんだろうって考えた。

「どうして、そんな感情になったんだろう」

「どうして知らない僕にまで、こんな言葉をわざわざ送ってくるんだろう」

そのとき僕が返した言葉は、

「僕は可愛いし、生きます。

そしてあなたも、生きて」


なんかその言葉が、すんなりと出てきた。


僕は一般の方たちよりも、「ブス」とか「死ね」といった言葉を投げつけられることに慣れているところがあると思う。

でも、やっぱり傷つくことだってある。

言葉ってやっぱり生きているし、言葉はときに人を傷つける道具にもなる。言葉で人を殺すことだってできると僕は思っている。

僕らの世代は、学校の裏サイトといった掲示板があるような時代を生きてきた。中学生のときからSNSもやっている。

いろいろな人たちと交流できる一方で、悪意に満ちた言葉もあふれている。SNSは使い方によっては怖い場所にもなる。

SNSは便利だし楽しいけれど、そこにあふれる言葉にあまり信頼を置きすぎないようにすることも、自分の心を守るためには大事なことだと思う。

no.
10

相手を理解できなくても、
認めることなら
できるよね。

わからないから怖い。それは普通の感情

「この人の生き方は、自分には理解できない」「どうしてそう考えるのかよくわからない」って思うことあるよね。

自分とは違う考えや意見に出会ったとき、相手の考えを排除したくなったり、遠ざけたくなったりする気持ちにもなる。

でもそんなとき、僕は自分に言い聞かせるようにしている。

「理解ができなくても、認めることはできる」って。

たとえ自分とは違う考え方だと思ったとしても、「そういう考え方もあるんだね」と認めることはできるはず。

賛成しなくてもいい。ただ、「そういう考え方もあるんだね」と心の中でとなえてみる。

だから僕は、話をしている相手に対するリアクションの仕方を意識している。

この人の意見はわからないな、って思ったとしても、いったん「そうなんだ。あなた

の意見はそうなんだね」と返してみる。

もちろん、意見に賛成できなかったり、めちゃくちゃムカついたりすることもあるよ。

でも、深呼吸して、冷静になって相手のことを想像できるようになると、最初は「その考えは変だと思う」って感じたことも、「いろんな考え方があるんだな」と気づけるようになることがある。


僕自身にも偏ったところがあったり、僕なりの「常識」にとらわれていたりすることがある。

だから、簡単にシャットアウトしてしまうよりも、僕が無意識のうちに抱いている「偏見」に気づくこともあって、世界がちょっと広がることもある。

人の意見にまずは耳を傾けるって、自分自身が知らない見方を知るきっかけにもなるから。

人ってそうやって、ちょっとずつ成長していくことができるんじゃないのかな。

言葉をできるだけふわふわさせる

僕は意見を言うとき、「できるだけ断定しない」ようにして、なるべく「みんなに届くこと」を意識している。そして、できるだけ「敵をつくらない」ようにしている。もちろん、すべてにおいて断定しないのは難しい。僕だって感情的になってしまうときもある。

でも、そう意識するだけでも、話し方が柔らかくなるし、本当に伝えたいことが相手に伝わりやすくなると思う。

さっき「理解ができなくても、認めることはできる」と言った。

「相手の意見を認める」ということは、「自分の意見を押しつけない」ということでもある。この二つは、同じコインの裏と表のような関係でもある。

僕は、意見が「正しい」か「間違っている」かどうかをあまり重視していない。

だから、僕自身も「これが正しい」という言い方は、なるべくしないようにしている。「これが正しい」と決めつけるのではなく、「こっちのほうがラクかも」という感じで、促すような言葉づかいをするようにしているのだ。

「自分を甘やかすことが絶対に大事！」というのではなく、「自分を甘やかしてあげたほうがいいかもしれないよ」といった具合に、言葉をできるだけふわふわさせる。

これを、僕は言葉からトゲを抜くような作業だと考えている。

ＳＮＳへの発信はひと晩寝かせる

たとえば、何か嫌なことがあって、すごくムカついたとしても、その怒りのままにツイートすることはしないようにしている。

怒りにまかせてツイートしたとしても、「あー、りゅうちぇる、怒ってる」ってことしか伝わらない。

どれだけ長文を書いても、熱い思いで書いたとしても、感情のおもむくままに書いたときは、言葉が雑になってしまうことが多い。言葉が本来持っているパワーや、言葉の奥にある本心が伝わっていかない。

それって、すごくもったいないことだと思う。


意外かもしれないけれど、僕はツイートや、インスタのストーリーの言葉ひとつとっても、その日その場ではアップしない。

少なくともひと晩、できれば2日以上は眠らせて、何度も読み返してからアップすることがほとんど。

「〇〇〝が〟」を「〇〇〝は〟」に変えたほうが、もっといろんな人に届きやすいかな、とか。「こう思う」と書くより「こう感じた」のほうがいいかな、とか。それくらい細かいところまでチェックしてからアップする。

ひと晩寝かせるだけでも、心が落ち着いて冷静になれる。


ありがたいことに、僕が書いた文章や、YouTubeで発信した言葉に、「心の深い部分に入ってきた」とか、「気づいたら涙が出ていた」といったコメントをいただくことがある。

ひとつひとつの言葉をじっくり選んで、読んでくださる人たちに少しでも寄り添えますようにと考えて発信していることが届いたときは、僕にとっての喜び。

「失恋の傷があまりにも深くて夜な夜な涙が止まらず早2年…。どうしたらいいのかな…」

最近、インスタにこんな質問がきて、僕はひと晩考えて返した。

「あなたの心を、2年間も忘れられないくらいの深い傷をつけた人は、あなたを幸せにできる人ではなかったんです。好きだから忘れられないんだ、と思ってしまっているかもしれないけど、あなたを深く傷つけた人だからあなたの心から離れないのです。大好きなもので、あなたの心を消毒し、あなたを幸せにしてくれる人を探しましょう。すぐには現れなくても、必ず出会えます」

no.
11

自分の中の「悪魔」も、
一緒に抱きしめてあげる。

自分の中の天使がウザいとき

めちゃくちゃイライラしていたり、すごく疲れていたりするときは、自分の口から毒しか出てこなかったりする。口を開けば悪い言葉しか出てこない……。

そういうときって、「悪魔のりゅうちぇる」になっている。

そして、悪魔の僕になっているときは、天使の僕はウザいというか、ちょっとキラキラしすぎて眩しくて、つらい気持ちになるときがある。

そういうときは、あえて悪魔の自分のままでいたほうがラクだったりするなって思う。悪魔と一緒にとことん落ちたほうが、また元気になれるのかなって。

悪魔のりゅうちぇると過ごすときに意識しているのは、自分の悪魔の部分も一緒に抱きしめてあげること。それでもいいんだよ、と認めて外に出してあげる。

そうすることで、すーっと気持ちが落ち着いて、心が軽くなることがある。

スーパーボールみたいに、一度下まで落ちていった気持ちが、次に大きく跳ね上がる感じ。

ギャルに負けない速度で悪口を書き出す

文句しか出てこない自分に、「僕って、なんて嫌なヤツなんだろう」といった罪悪感は抱かないようにしている。

その代わりに、「もう、ムカつく！」というパワーをいっぱい外に出す。風邪をひいたときに熱を出すのと一緒。外に出してしまえば、体も元気になる。

「いま、僕は噴火中。もうしょうがないです！」と開き直って、思いっきり愚痴を誰かに聞いてもらえばいい。

他人に愚痴を聞いてもらうのも、なんとなく申し訳ないときは、文字に書くのもおすすめ。

僕は、昔から自分の考えていることをスマホのメモに書き出すのが好きで、早打ちだったら日本中のギャルを集めても負けないくらい速い！

「一生、根に持ってやる。絶対に忘れない。ムカつく！」

嫌なことがあったら、とにかく悪口やら文句やら愚痴やらを吐き出す。


でも、不思議なのは、1週間くらいたってそれを読み返すと「もういいや、このメモ消しちゃおう」って思うときがくること。

なんだろう、言葉を外に出すことによって、念が成仏するのかな。

そうやって外に吐き出すと、そのうちまた「天使のりゅうちぇる」が戻ってくる。

落ち込みたいときはとことん落ち込んで、泣きたいときはとことん泣く。

そんなふうに、いいときもダメなときも、自分と向き合って抱きしめてあげる。

その周期を過ごす感じが、僕はなんか好き。

ネガティブも癖のひとつ

あと、僕はネガティブな思考を、ポジティブな思考に変えられると考えていて、日々自分をポジティブにする活動中。

だから、どんなことでも、なるべくポジティブな面を見つけて、喜ぶようにしている。雨が降ったときに「えー、最悪ー」って思うんじゃなくて、「いぇーい！　今日は可愛い傘を持っていける。ラッキー！」って思えるようにするとか。

ほんの少しのことでも、「ありがとう」って言う癖をつけるとか。

夫婦間でもお仕事でも、ちょっとしたことでも「ありがとう」って、きちんと口に出すと、その場の雰囲気や相手の心が温かくなる。

そんなちょっとしたことで幸せを見つけられる癖や、感謝する癖を続けていくと、幸せなことをキャッチできる頭になれるような気がする。

no.
12

「大切にしたい人」を守れたら、それだけで素敵じゃん！

「愚痴を言える人はいるのかな？」

みなさんからいただく質問の中でも多いのが、職場で嫌な同僚がいるとか、ムカつくクラスメイトがいるとか、いじわるなママ友がいるという話。

そういう人がいるとき、どうすればいい？　って相談をよく受ける。

僕は、そもそも人に「期待」をしない。だから、もっと違う相手だったらうまくいくのに……とかって考えることはしない。

人って、そんな簡単に変われるものでもないし。

もちろん僕にも嫌いな人はいる。3000人くらい！

僕の場合、嫌いな人や苦手な人と会ったときは、その人のバックグラウンドを想像するようにしている。

バックグラウンドというのは、「この人、でも根はいい人なんだよね」というような曖昧なことじゃない。だって「根はいい人」なんだったら、「僕にもいい人でいてよ！」

って、余計イライラするじゃない。

僕がいうバックグラウンドは、この人が今日家から会社に来るまでに、どんな時間を過ごしてきたのかを想像すること。

家で誰かに「行ってきます」って言ったのかな。どこの駅から通っているんだろう。満員電車にゆられてきたのかな。だったら、ここに来ている時点ですでにストレスマックスかも……。それなら、車で快適に送ってもらった人とは、機嫌が違うのは当たり前かも、なんて考える。

そうやって考えていくと、「この人だって、自分の人生を頑張って生きているんだな」ってことを感じられる。


もっと想像を膨らませていくと、「この人はどんな教育を受けたんだろう」「どんな親御さんだったのかな」「いま、幸せなのかな」「誰かに愛してもらえているのかな」「愚痴を言える人はいるのかな」……。

そうやって、相手のことを想像していくと、ほんの少しだけ優しくなれたりもする。

別に無理にする必要はないんだけど、3000人くらいいた嫌いな人が、2000人くらいになったりする。

気まずくなる前にフェードアウトする

嫌いな人とずっと付き合っていると「気」を吸われることってある。元気だったり、気力だったり。

だから、少しずつフェードアウトするというのも、自分を守るためには大事なこと。勇気を持って、人間関係の断捨離をしてみるのもいいと思う。

僕は、子どもが生まれたあと、人間関係の断捨離をした。

といっても、わざわざ呼び出して「さようなら」と言ったわけではなくて、自分から連絡をとらなくなったり、SNSではやりとりしても直接会わないようにしたりしただけ。

SNSだけでも何かひとつやりとりを続けていれば、相手とも気まずくならない。LINEはしなくなったけど、インスタでは「いいね！」をするくらいの関係。コメントが来たら返信もする。

いまの時代、ＳＮＳがあるから、変に気まずくならずに距離を置けていいよね。

相手は「きっと子どもができたから忙しいんだろうな」と思ってくれているかもしれない。

できることなら、敵はつくらないほうがいいから、お互いいい思い出を持ったままフェードアウトできるのがいいかなって思う。

僕が付き合いをやめようと思った人は、悪い人では全然ないんだけれど、あるときから、会うたびになぜかどっと疲れがたまるのを感じていった。そして、「なんか、だんだん嫌いになっていってるな」って、自分でも気づいていった。

そう思いながらも会い続けるのって、相手に対して申し訳ないことでもある。

勝手に僕ひとりが嫌いかもって盛り上がっているわけだから。だから、僕が静かにフェードアウトすればいいだけ。

子どもが生まれてから、自分にとって何が大切かをあらためて考えるようにもなった。

家族が増えて、大切にしたい人が増えているときに、「その大切にしたい人だけ守れたら、それが素敵じゃん」って思えた。

大切なものは、きゅっと絞ったほうがいいなって。


人との関係を整理することは、利害関係もあったりするから、勇気のいることだけど、不思議なことに何かを捨てると必ず新しい幸せが入ってくるとも思う。

この人といると心がすり減ってしまう、気持ちがきつくなるというなら、ずるずると関係を続けるんじゃなくて、フェードアウトしていく。

嫌いな人に振り回されるよりも、自分で判断して「自立」していくことのほうが、僕は大事だと思っている。


時間には限りがあるし、人の心にだってキャパシティがあるのかもしれない。

だから、無理して嫌いな人と付き合い続けることに時間を使うよりも、整理したほうが身軽になるし、出会いだって生まれる。

そうやって空いた心には、絶対に新しい何かがやってくる。

諦める・割り切る・逃げる・戦わない

それでもやっぱり断ち切れないという場合は、「依存していないかな」って考えてみるのもいいかも。

僕は中学時代に、自分の「素」を見せたらいじめられると思って、それこそスクールカースト（教室内の序列）の上のほうの子とばかり仲良くしていた。

でも、そのときは「いつ本当の自分がバレて、嫌われるんだろう」とびくびくしていたし、その子たちとはやっぱり本当の友だちにはなれなかった。

でも、あるとき「どうして、この人たちに依存しているんだろう？」って考えた。

やっぱり学生のときはとくにそうだと思うけど、学校生活が人生のすべてのように感じるんだよね。

一人の悪口でもこたえるし、落ち込んでしまう。

でも、その環境は、一生は続かない。

苦しかったときの経験は、きっと成長の糧《かて》になる。未来だって変わるかもしれない。

これまで出会ったことのないような素敵な人にだって、これからいくらでも会えるチャンスが訪れるかもしれない。

そうやって視野を広く持てば、「僕は、あなたのことはもういいので」って思えるようになるし、依存しなくてもよくなる。


前にも書いたけど、本当の自分を出せる相手が一人でもいるなら、それでいい。

世の中には合わない人がいて当然。嫌いな人がいるのも当然。

無理に嫌いな人と付き合って、心を乱されるよりも、諦めたほうがいいし、割り切ったほうがいいし、逃げればいいし、戦わないほうがいい。

言い換えれば、何もかも真面目に相手にする必要はないということ。

自分にとって大事な親しい人の言葉だったら、ちゃんと受け止めたほうがいいけれど、それ以外の人のことで悩むのは、余計な悩み。

そこは線を引いて自分を守ったほうがいい。

Chapter 3

「普通」と「個性」の間で

no.

13

自分を殺して
生きていくと、
心も死んでしまう。

自分を殺していた中学時代

いつも明るくて前向きな、りゅうちぇる——。

世間では、こんなふうに僕のことを見ているかもしれない。

僕が自分の信じる道を生きようと思うのは、それができずに、本当の自分を隠していた苦い経験があるからだ。

「ありのままの自分」でいられないことの苦しさを、僕は中学時代に知った。


中学時代、僕は自分を殺して生きていた。

戻りたいとは絶対思わないけれど、あのときの経験があったから、いまの自分につながっているようにも思う。


小学生のころは、親のすすめで出場した童話・お話大会で県大会に進むことができたし、童謡・歌のコンクールでも「アメイジング・グレイス」を歌って、県大会までいった。そのおかげで、人前に出るのが大好きになった。

いろいろな場所に出ては、みんなに褒められるのがうれしかった。典型的な褒められて伸びるタイプ。

いま思うと、僕の通っていた小学校には、歌ったり踊ったりするのが好きな子や外国にもルーツを持つ子が多くいて、多様性の豊かな学校だった。

僕はそのころから、オシャレをするのが好きだった。

高学年になると、ランドセルではなくて、スポンジ・ボブのリュックを背負って登校していた。当時はジャスティン・ビーバーが流行《はや》っていたので、流した前髪を真似したり、ワックスをつけてスプレーで固めたりしていた「ませガキ」だった。

自分の好きな格好を自由にしていた。


そんな好き放題やっていた小学生時代だったけど、中学に入ると一変して、上下関係が厳しくなった。

とくにヤンキーの先輩なんかは怖くて……。入学式のときからガクブル震えるくらい。

小学生のときからの友だちとは、

「とにかく目立っちゃいけない」
「目立ったら呼び出しされる」
そんなことを話し合っていた。

僕の通っていた中学校の校舎は、1階に1年生、2階に2年生、3階に3年生の教室があった。

僕たち1年生は、絶対に上を向いたらダメ。上を向いて先輩たちと目が合ったら、「生意気だ」って呼び出される。

3階からは、3年生の先輩たちが唾を飛ばしてくる。でも、それにも反応したらダメ。上を向いたら呼び出されるから。

入学式の翌日。

校舎の前を友だちと歩いていたら、上からめちゃくちゃ唾が飛んできた。一緒にいた友だちはとっさに見上げてしまった。

友だちは案の定、先輩に呼び出されてしまった。そして結局、痛めつけられた。

その子はなぜか、その日からヤンキーグループの仲間入り。僕は一緒に行動する仲間を失った。

「終わった……。この学校では、とにかく地味に、空気になろう」

そのときの僕は、そう決心した。

「なめられない」男子になる

そう思いながらも、僕にはスクールカーストを冷静に見るようなずるいところもあった。一匹狼になる勇気もなかった。

当然、ヤンキーグループが圧倒的にカースト上位。

彼らと仲良くしていたほうが、学校生活がうまくいくかもしれないと考えて、適度につるむようになっていった。

でも、その子たちに、僕がディズニーやピーター・パンが大好きなんてことは、絶対言えない。

当時は全然オシャレだと思わない格好をして、必死に嫌いな香水をかけて、好きじゃない歌を覚えて、カラオケでもその曲を歌っていた。

これでいいんだと、自分に言い聞かせていた。そうしないと、からかわれるし、いじめられる。そんな恐怖感があった。

「この学校のボスに嫌われたら、人生が終わってしまう」

そんなことばかりを考えていた。


とにかく「女の子っぽい」とか「普通じゃない」と言われないようにしたし、言われたくなかった。

本当の自分をとにかく隠して、「普通の男子」に、「なめられない男子」になろうとしていた。

そんな人間じゃなかったのに……

つるむような友だちは何人もいたけど、本当の友だちはできなかった。

自由にできなくなったのは、ファッションや音楽のことだけではない。

本当は大好きな先生や同級生がいて、もっと話したいと思っていたのに、その人たちのことを「いい」とも言えない。
カーストの下のほうにいるような子を平気でバカにする人たちに、合わせている自分も嫌だった。

僕はそんな人間じゃなかったのに……。
自分のことが信じられなくなった。それは僕にとって、すごくつらい経験だった。
とにかく自分を殺して生きていた。

no. 14

誰も知らないところで生き直すって、いいかも！

「高校なんてどこにも行きたくない」

中学2年の終わりのころ、僕の人生を変える出来事があった。

高校の学校説明会。

母からは「高校くらいは行きなさい」と言われていて、なんとなく制服の可愛い高校の説明会に行ってみた。

全然期待していなかったけど、いざ行ってみると、とても刺激的だった。

個性的な格好をしている生徒がたくさんいて、みんな楽しそうで生き生きとして、キラキラしている。

「なにこれ、超楽しそう！　こんな高校だったら、行ってみたい」

ここに行けば、やり直せるかもしれない——。

その高校の説明会に行ったとき、はじめて希望のようなものを感じた。

誰も本当の僕のことを受け入れてくれないと思っていたけれど、あの高校なら、僕も心を開くことができて、楽しい学校生活を送れるかもしれないと思えた。

僕が行きたいと思った高校は、通っていた中学校からは遠くて、ギリギリ学区外。だから、同じ中学の同級生は誰も行かないだろう、というところも気に入っていた。

知り合いのいない学校で、生き直したいと思った。

僕の思いを受けとめてくれた親は、希望の学校に通えるようにと、引っ越しも決めてくれた。


でも、ひとつ問題があった。僕の学力レベルでは、合格できそうにない。

当時の通知表の成績は、「1」と「2」ばっかり。もともと勉強自体が得意じゃなかったうえに、やる気もなかったから、学校の成績はひどいもの。

でも、「この高校に行きたい！」という目標ができてからは、親に頼んで家庭教師をつけてもらい猛勉強した。

入学試験の面接では、「どうしてこんなに中学1、2年のときの成績が悪いのか？」と聞かれたので、正直に答えた。

「そのころは、本当の友だちができなくてとても悩んでいて、勉強にも意欲がわかなかったんです。でも、学校説明会に来て、ここの生徒のみんなが生き生きとしている姿を見て、この高校に入って新たな自分を探したいと思い、勉強を頑張れるようになりました」

中学3年の終わりには、当時流行っていたブログを始めた。そのころには、それまでつるんでいた、中学の友だちとの関係は切れていた。

Twitterやブログに、そのころ独学していたメイクの様子をのせたり、カラコンを入れて自撮りをしたり、コーデをアップしたりして発信するようになった。

もちろんそれまでは、メイクをしたりカラコンを入れたりしているのは内緒。でも、それを発信するようになったら、みるみるうちにフォロワーが増えていった。

プロフィールには、「中学3年生です。僕の志望校は〇〇高です!」と書いた。コメントで応援してくれる人もたくさんできた。

念願かなって希望の高校に合格したときは、本当にうれしかった。目標に向かってやり遂げた達成感もあった。

no.
15

何が「正しい」かなんて、
誰がわかるの？

母の優しさに救われた

中学生の僕は、家族の前でもきっと暗い表情をしていたと思う。でも、過剰な干渉をせずに放っておいてくれたのが母だった。距離を持って見守ってくれていたという感じで。

そのころの僕には、それくらいの距離感がありがたかった。

あるとき、母に「何かあったの？」と聞かれたことがあった。

「学校が楽しくない」と話す僕に、母はそれ以上あれこれ詮索《せんさく》せず、「じゃあ学校休んでカラオケに一緒に行こうか」と連れ出してくれた。

そのときのことはよく覚えている。

家に自分の味方がいると思えたことは心の支えになったし、そのおかげで少し気がラクにもなった。

逃げることだって「自分の道」

もし、いま中学の入学式に戻れるとしたらどうするかなあと考えた。

ひょっとしたら、転校してもよかったかもしれない。

当時の僕にはできなかったけど、どうしても環境が合わないときは、そこから逃げ出すことも、選択肢のひとつだと思う。

どんな学校に通うか、その学校でどんな生活が送れるか。これぱっかりは運もあるし、いま通っている学校が自分に合わなくても、違うところで違う仲間となら、楽しい学校生活が送れることだってある。

だから、いま学校に通えていない子がいるとしたら、あまり自分を責めないでほしい。子どものときに「自分は学校に向いていない」と気づけることは、ある意味すごいことだと思う。

それは、自分の性格をきちんと理解して、自分の意志をしっかり持てているということでもあるんだから。

そう感じた自分の違和感をきちんと受け止めて、尊重してあげてほしい。

学生のうちって、学校が世界のすべてのように感じることがある。僕もそうだった。こんな世界が続いていくようにも思えた。カーストの上にいなきゃ人生が終わる、とも思えた。

だけど学校は、世界のすべてなんかじゃない。

学校になじめなかったとしても、社会は学校よりも、もっと大きくて広い。いろんな可能性だってある。必ず自分に合った「場所」があると思う。

人はそのときどきで、選択を迫られる。

それが正しいか間違いかなんて、わからない。

僕もいろいろ経験して、つらい思いをしたこともあったけど、過去の自分を後悔はしていない。

もしかしたらこれから先、後悔するような出来事にあうかもしれない。失敗したって思う出来事が起こるかもしれない。

でも、その後悔や失敗を踏まえたうえで、もう一度やり直せばいいんじゃないかな。

たとえ、そのとき逃げたとしても、それが自分の意志で決断したことなら、すごく貴重な経験になると思う。

その経験は、きっとこれからの成長の糧にもなるはずだから。

これは僕自身を振り返って、実感することでもある。

だから希望は失わないでいてほしい。

no.
16

コンプレックスも
工夫次第で、
自分の「武器」になる。

自分の中の氷がとけていく

SNSを始めていたおかげで、高校の入学式では、すでにちょっとした有名人になっていた。

高校では、小学生のときの自分に戻ったような気持ちになったのを覚えている。

「そうそう！　僕って、こうだったじゃん」

そんな感覚。

すごくあたたかい場所に戻って、自分の中の凍っていた部分がとけていくような感じ。

「ありのままの自分を出すって、こんなにも気持ちいいことなんだ」と思った。

もちろん、中学時代の友だちからは、「りゅうちぇる（じゃなくて龍二）、高校に入って明るくなってない？」と言われた。

でも、そんなことは気にならなかった。

小学生のころの僕を知っている人には、「昔の龍二に戻ったね」と言ってもらえたりもしたし、僕のそのままを受け止めてくれる高校の友だちや、いまの環境を大事にしたいと思っていた。

人の目を見て話せるようになった

本格的にヘアメイクに目覚めたのも高校時代。

最初は髪型を変えてみた。ギャル男風な長髪で派手な感じ。当時流行っていた髪型を真似ていた。

でも、派手な髪型にすると、「顔がついてきていないな」と感じるようになって。それに合わせたメイクもするようになった。

それまで僕は、自分の見た目にいろいろなコンプレックスを抱えていた。目が小さいとか、ひげが濃いとか。

自分のコンプレックスを知られるのが怖くて、相手の顔をきちんと見られなかった。

そういうコンプレックスを、メイクでカバーできることを知って感激！

「うわ！　りゅう、可愛い！」

まるで整形をしたような気分だった。

本格的にメイクをするようになってからは、髪型も自分が好きだと思えるような、オリジナルを追求するようになっていった。

メイクの力に魅せられてからは、女子よりも濃いメイクをして学校に行っていた。「常にキレイな自分でいたい」という気持ちが芽生えてきて、授業中も休み時間もずっとメイクのことが気になって、そのつどメイク直し。

同級生の女の子にメイクを教えたりもした。

メイクを覚えてからは、人の目を見て話すことができるようにもなって、どんどん自分を出していけるようにもなっていった。

僕にとって、メイクは自分に自信を与えてくれる武器のひとつになった。

no.
17

「好き」とか「楽しい」を信じて生きたほうがうまくいく。

なりたい自分を優先させる

高校に入ったときに決めたことは、「人に合わせずに生きていこう」ということ。たとえスクールカーストの下のポジションになっても、もういいや。中学のときのように自分を抑えつけるようなことは、二度としたくない。たとえ友だちができなくても、自分らしく生きたほうがよっぽどいいという気持ちでいた。


そうやって自分を出していくことで、逆に友だちが増えていった。

当時、東京の一部では男子がメイクをすることも流行り始めていたけれど、沖縄ではまだまだ。だから、相当浮いていたと思う。

僕はルーズソックスも履いていたし、「つけま」もしていた。女の子っぽい格好もすれば、ギャル男っぽい格好もした。

自分の好きな服を着ると、「それ、りゅうちぇるらしい」「センスいいよね」と言ってもらえた。

僕のことを認めて、受け入れてくれる言葉のひとつひとつが、僕の自信を高めてくれた。

僕は高校時代に、かけがえのない親友や仲間をつくることができた。

中学までは、「自分を抑えることが正しい」と思っていたけど、実はそうじゃなかった。

自分の好きを大事にすることで、自分のことも好きになっていった。

自分が「好き」とか「楽しい」と思う、その直感を信じて生きたほうがうまくいく——。

それが高校時代に学んだこと。

僕にとっての高校生活は、いまに至るまでの土台となる3年間だった。

no.
18

自分の世界を
もっと広げるには、
どうすればいいんだろう。

「これが最先端だし！」

中学3年のときに始めたＴｗｉｔｔｅｒのフォロワーは、高校卒業のころには2万人を超えていて、沖縄県以外の人たちもフォロワーになってくれていた。

そういう人たちに「オシャレ」と言われたり、応援してもらえたりすることは、すごく励みになった。

地元で「あいつ、派手すぎるよね」「何、あいつヤバい」なんて、からかうようなことを言われても、

「僕には県外にも愛してくれる人がいるし！」

「これが最先端だし！」

と思える自信が持てた。

上京しようと思えたのも、高校時代に少しずつ自信が持てるようになったことが大きい。

「りゅうちゃんがいると、みんながハッピーになれるよね」という言葉を高校時代にも

らえたことが大きかったと思う。もっと広い世界を見てみたいという気持ちにもなった。僕がSNSで自分のメイクやコーデを発信していたように、当時、東京の原宿で働いているショップ店員さんたちも、SNSで発信していた。

それを見て、「こんなに好きな格好で歩ける場所があるんだ。この街に行ってみたい！そこで働いて、自分のファッションが通用するのか、勝負してみたい！」。

そんな気持ちになった。

上京する直接のきっかけになったのは、Twitterのダイレクトメッセージ。原宿のアパレルショップから、スカウトの連絡が入ったのだ。

「りゅうちぇるさん、いまは沖縄にいると思うんですけど、上京を考えていませんか？もしよかったら、うちの店で働きませんか？」

親にも友だちにも誰にも相談せずに、「3月に卒業するので、4月からそちらに行きます。よろしくお願いします」と返事をした。

当時はその後、自分がテレビに出るとか、芸能界で仕事をするようになるなんて、まったく思っていなかった。

原宿で日本の最先端のファッションを見て、ゆくゆくは沖縄の普天間《ふてんま》あたりで古着屋をやれたらカッコいいいな。そのためには、トレンドだけではなく、バイヤーの仕事も勉強してみたい。

そんなことを考えていた。

あんな事件が起こるような街で……

「東京に行きたい」と親に伝えると、ずいぶん心配され、反対された。

「あんな、毎日事件が起きているような街に行くなんて、絶対にダメ！」

でも、そのころの僕は、「自分の人生を生きる」と強く思えるようになっていた。大好きな沖縄にお金持ちになって戻ってきて、親に恩返しもしたい、という気持ちもあって、東京に行くべきと決めていた。

よく考えたら、たいして貯金もしていないし、住む家は決まっていないし、現実的な問題がたくさんあったけれど、「高校を卒業する3月に東京に行かなきゃ、一生後悔する。お金がなくても絶対に行ってやる」という強い直感に突き動かされていた。

卒業式から1週間ほどたった3月7日。

母はギリギリまで、僕が東京に行くことを反対していたけれど、前日の夜には、僕の大好物ばかりを夕食に用意してくれ、当日は那覇空港に見送りに来てくれた。

飛行機の出発は、予定より3時間も遅れた。

母は「東京に行くな、ってことじゃないの？　とりゅうに言ってしまいそう……」。別れがつらいからという理由で、最後まで僕を見送ることなく、先に帰っていった。

泣きそうな顔をして帰っていった母の姿を見て、胸が締めつけられるような気持ちがした。

僕は、必死にバイトで貯めたお金を一人暮らしの初期費用にあて、残りなんと6万円しかないまま、羽田行きの飛行機に乗った。

飛行機のシートに座りながら、「この飛行機でいったい何人の同級生が上京するんだろう」と考えていた。進学や異動のシーズンだったので、空港には、親や友だちに見送られている同世代の子たちがたくさんいた。

このときの僕は、「この飛行機に乗っている人たちの中で、僕は誰よりも活躍する」と信じていた。信じていたというよりは、言い聞かせていたのかもしれない。

ここまで強い気持ちを持って東京に行くのは、きっと僕だけだ——。

先に帰っていった母のことを考えながら、そう心の中で唱えていた。

no.
19

誰にでも、本当の「居場所」が必ずあるから。

所持金6万円の上京物語

東京に着くなり、見るものすべてに圧倒された。ビルはものすごく高いし、モノレールしかない沖縄と違って、電車や地下鉄の路線は何本もあるし……。いちいち驚いてしまう。沖縄とは、何もかも違った。しかもそのときの僕は、沖縄方言沖縄なまり。すれ違う人の、まるでドラマのセリフかなと思うような言葉づかいやイントネーションにも感動！東京は少し怖くもあったけど、人の数だけ夢とか、野望とか、いろんなパワーがたくさん詰まっているような気がして、カッコよかった。


でも、僕の所持金は6万円。

スカウトしてもらったアパレルショップで朝から晩まで働き、その後朝まではバーで働いた。睡眠時間は2、3時間ほど。

週に1日お休みがあったけど、普段ほとんど寝ていないので、休みの日はずっと寝て過ごしていた。

しばらくすると、土日は普段働いているショップが主催しているイベントの仕事を入れてもらえるようになった。

仕事の内容はショップ内にあるプリクラ機で、ファンの人たちと写真を撮ったり、小さなステージでファッションショーをしたりするものだ。

イベントに出ると1日1万円もらえる。何とかお金も貯まり、それまではマシュマロとスルメイカばっかり食べる食生活だったけど、ようやく、いまでも大好きなオリジン弁当が買えるようになった。

オリジン弁当が食べられるようになるまで頑張った！　という当時の気持ちは、いまでもときどき思い出す。

自分の居場所が見つかった！

上京して2カ月くらいたったころには、竹下通りで「りゅうちぇるさんですか？」と声をかけられるようになった。

こう言うと、ちょっと自慢みたいだけど、「わ、僕って、原宿でも十分目立ててるんだ」と思ったりもした。

働いているお店が良かったこともあると思う。

そのお店で働いているだけで、Ｔｗｉｔｔｅｒのフォロワーが、さらに1万人くらい増えた。

雑誌の撮影もしていただけるようになったけれど、「もっと有名になりたい」という気持ちは、まったくなかった。それよりも、「もっと服のことが知りたい」「服について語れる人間になりたい」という気持ちが強くなっていった。

原宿の空気に触れたら、今度は、ニューヨークの古着屋さんやブルックリンのショップにも行ってみたいと思うようにもなった。

上京した当初は、お金はなかったけど、毎日が楽しくて仕方なかった。

沖縄でも僕のファッションを褒めてくれる友だちはたくさんいた。でも、同じ系統が好きなファッション仲間はいなかった。

だから原宿に来てはじめて、僕は自分の本当の「居場所」ができたような気がしていた。

no.
20

自分を好きじゃないと、
「運命の人」にも
出会えないかも。

「オンリーワン」との出会い

ぺこりんに出会ったのも、上京して2カ月ちょっとたったころ。僕が働いていたアパレルショップに、ぺこりんが入ってきたのだ。

僕はショップ店員として働いていたけれど、ぺこりんは読者モデルスタッフとして入店してきた。

当時の読者モデルスタッフは、洋服をたたんだり、接客したりするだけでなく、ファンサービスもする。ファンの人たちが会いにきて、いくらか買い物をしたら、そのスタッフと写真を撮れるというシステム。

僕の場合は1日に10人くらいのファンが来てくれるかどうか。だけど、ぺこりんは、本当に行列ができるくらいに人気があった。

あまりの行列に営業ができなくなっちゃうから、「ぺこちゃんコーナー」といった専用の場所があったくらい。

僕は、ぺこりんに一目惚れをした。

当時18歳でまだ若かったけど、僕から見たぺこりんは、「こんな人、見たことない！」っていうくらいに、太陽のように輝いていた。そんな感情になったのは、はじめて。うまく言えないけど、僕にとってぺこりんは、他の誰とも違うオーラがあって、他の誰ともかぶらない人。そんな「オンリーワン」の女性だった。

「これまでに見たことのないお花！　これは絶対にもぎとらなきゃヤバイ！　付き合わなかったら絶対後悔する」

そんな直感が働いた。

そして、僕から付き合ってほしいと告白した。

オンリーワンの輝きに勝てるものはない

僕がぺこりんを、唯一無二の人だと思ったように、ぺこりんも僕のことをそう思ってくれていたみたい（お互いに一目惚れだったというのは、あとからわかったことだけど）。

ぺこりんも僕と同じで、自分の好きなものを大切にして生きている人。そんな二人が出会うのって、すごく理にかなっているような気もした。

僕が中学のときのように自分を隠したまま生きていたら、上京することもなかっただろうし、ぺこりんにもし出会えたとしても、僕のことを好きになってもらえなかったと思う。

そのころの僕は、自分に自信を持つことができていた。

自分の好きな服を好きなように着ている僕を、ぺこりんは好きになってくれた。それは僕も同じ。

ぺこりんと付き合わなかったら、絶対後悔する――そう思って、実際に行動に移せたのも、自信を持つことができていたから。

ぺこりんと出会ってから、僕は「愛」について考えるようにもなった。

いまの僕は、「愛」をテーマに人生を生きている。愛する人と深く付き合っていくことほど、僕にとって幸せを感じることはないから。

ぺこりんと出会って一緒に生活するようになったこと。そして、子どもが生まれたこと。

この二つの出会いが、僕を大きく成長させてくれた。

Chapter 4

僕を成長させる

no.
21

好きなところではなく、
嫌いなところを
「10個」数えてみる。

仕事のミスは直せるのに、恋だけうまくいかない

「仕事でのミスは反省できるし、二度としないようにできるのに、恋愛では同じようなミスをくり返してしまう」って、よく聞く話。

同じようなタイプの人と付き合って何度も失敗したり、同じようなパターンで別れることになったり……。

恋愛の難しいところは、育ってきた環境が違うところ。だから同じ物事でも、お互いにとらえ方が違ったりもする。愛についての「普通」や「常識」も人それぞれ。

それなのに、みんなそれぞれが自分の「普通」や「常識」を基準にしてしまって、それを相手に押しつけがちかなって思えるときがある。

そして、相手に「期待」してしまう。

「これだけつくしているのに、何も返ってこない」って、つい見返りを求めたりもする。

でもそれって、幸せの軸を相手に置いているよね。

自分の幸せの軸を相手にゆだねていたら、結局、幸せになれないんじゃないかな。

だから、同じような失敗をくり返すのかもしれない。


「この返事って、私のことを好きってことだと思う？」

「普通、好きじゃないとこういうメッセージを送らないよ！」

若い子たちが、こんな感じで、気になる人からのＬＩＮＥを見せあったりしていることがある。

これも、自分の中で「愛ってこういうもの」って決めつけているんじゃないかな。

恋愛話をしているときに、「普通はそうだよね」って言葉がよく出てくるのも、やっぱりどこかで相手に自分の「普通」を期待しているんだと思う。

僕たちは、やっぱり「普通」から逃げられないのかな……。

「非日常」は続かない

結婚する人を選ぶとき、僕は「この人となら、どこにだって行ける」と思える人を見つけることが大事だと思う。

恋愛中はムードに酔うこともあるし、美味しいお店や素敵な場所に連れて行ってもらえるかもしれない。でも、その「非日常」がずっと続くわけじゃない。オシャレなフィルターがかかっている状態。

夫婦になるって、車の窓から同じ景色を二人で見ていくようなもの。

狭い空間の中に一緒にいるから、たくさんぶつかったり、いろいろな壁を二人で乗り越えていったりすることになる。最初のフィルターのままだと、どうしてもすれ違ってしまう。

フィルターを外しても好きでいられたり、尊敬できたりするほうが、僕は素敵な関係だと思う。

「デートは安いお店でも全然大丈夫！」って思えるような人とのほうが、長く付き合っていける。二人でなら、どこにでも行ける。そしてなおかつ楽しめる。

そんな幸せを感じられる相手が、きっと結婚相手なんじゃないかな。

結婚って、好きなところを数えて結婚するよりも、嫌いなところを数えて、それでも大丈夫な人と結婚するほうが、うまくいくんじゃないかって思う。

嫌いなところというのは、言い換えると二人の「違い」。

自分の「普通」や「常識」を押しつけずに、「違い」を認めることができる人であれば、きっとうまくいくはず。

「運命の人」になる努力をするかどうか

愛の形って、本当におもしろいくらいに人それぞれ。

三角だったり、四角だったり、凸凹《でこぼこ》だったり……。だから、自分の形を押しつけようとすると、何度も同じ失敗をくり返してしまう。

よく「運命の相手に出会った」なんていうけれど、僕は、その違いを知ったうえで、「愛の形をすり合わせられる相手」が運命の人だと考えている。

最初はお互い別々の角のある形をしているけれど、その「違い」をぶつけ合っていくことで、少しずつ角がとれて丸くなり、似た形になる。

お互いの愛の形を認め合うというのは、言葉でいうほど簡単ではないけど、ときに衝突しながらも、少しずつ歩み寄って認め合い、高めあえる関係。愛を同じ丸の形にしていく作業を続けられる関係。

それを一緒にできる人であること、もしくはそれをしようと思える相手が、運命の人。最初から「運命の人」なんていない。

僕はぺこりんと付き合うようになってからテレビにも出るようになり、それまでとは生活が一変した。まさに怒濤《どとう》のような日々。

そんななかで、仕事を終えて家に帰ると、いつもぺこりんがいてくれた。どんなに忙しくて疲れていても、そこにぺこりんがいてくれたから、僕はいつも自分を見失わずにいることができた。

二人で出演したバラエティ番組で、僕たちの思っていることとは違うコメントをさせられたことがあった。

なんだかざわついた気持ちになったけど、家に帰ってから、

「あれ、どう思った？」

「嫌だったよ」

「やっぱり、ぺこりんもそう思った？」

「うん、ああいう大人にはならないようにしよう！」

なんて会話をすることで、落ち着くことができたし、「これがテレビの当たり前」といった感覚にも染まらずにすんだと思う。


もちろん、ケンカもたくさんした。地方での仕事も増えて会えない日が続いて、思うように連絡がとれなくてイライラしたり、一緒にいる時間がとれずに意思疎通ができなくなったり……。

でも、そんなすれ違いを乗り越えることで、僕たちの関係はどんどん深まっていった。


ぺこりんと僕も、まったく違う形の愛を持って出会った。

結婚しようと思えたのは、ぺこりんとだったら、お互いの形を押しつけあうのではなく、一緒にぶつかりながらも丸くしていきながら、高めあっていけると思ったから。

大阪で生まれ育ったぺこりんと、沖縄で生まれ育った僕とでは、結婚式ひとつ、親戚付き合いひとつとっても、考え方が違った。

違う環境で育ってきたもの同士。

でも、そんな違いを認め合いながら、少しずつ歩み寄っていく。それができる相手だと思ったから、僕たちは結婚した。

no.

22

心のコップに
お水を満たす。

「好き」のひとことが言えません

僕のSNSに届くお悩み相談の中には、「好きな人に好きって言えない」というコメントがよくくる。

だけど、やっぱり言葉って最強の武器なんだよね。その「好き」のひとことが言えないと、彼はあざとい子にとられちゃうかもしれないよ！

幸せそうに街を歩いている家族も、ひょっとしたらママがすごく頑張ってパパに「好き」と伝えたから、結婚して子どもができて、パパとママになれているのかもしれない。はたから見たら美女と野獣のカップルだって、野獣が猛烈に頑張って美女にアピールしたから、カップルになれたのかもしれないよね。

幸せって空から降ってくるものじゃなくて、自分でつかみとるものだと思う。

もちろん、結婚や出産だけが幸せとは限らないけれど、もしその人と恋愛して結ばれたいと思うなら、言葉に出さなかったことをいつか後悔する日がくるかもしれない。

もし、告白することに変なプライドがあるんだったら、それは捨てちゃったほうがいいんじゃないかな。

生きていくことって、そんなカッコいいものじゃない。

あざとくたって、ダサくたって、ちゃんと相手に言葉で気持ちを伝えられる人が、幸せをつかんでいくんだと思う。

愛のあるところに人は集まる

恋愛や結婚には、いろんな試練がある。

愛ってそもそも、自分が満たされていないと、相手に注ぐことなんかできない。

たとえば、自分の心がコップだと想像してみてほしい。

コップにお水が満たされているときにはじめて、相手も愛せるようになるのだと思う。

自分のコップにたっぷりお水があると、相手にも注ぐことができるよね。

でも、自分のコップにお水が満たされていないときは、相手に注ぐことはできない。

「私にお水を注いで！」ばっかりの関係になって、なんだか重たい気持ちにもなるし、相手も離れていってしまう。それって、すごくもったいない感じがする。

相手を認めることも同じ。自分がたっぷり満たされているからこそ余裕ができて、相手のことも認めることができる。

だからやっぱり、誰かに愛されるためにも、まずは自分を好きになる作業を少しずつ進めないといけないのだと思う。


でも、前にも書いたように、いままで「自分のことが好きになれなかった」という人の場合はとくに、急に自分を好きになるなんてできない。

その場合は、自分を甘やかすことから始めて、少しずつ自分を認めてあげる。

それをくり返すことで、自分を少しずつ愛せるようになって、誰かに愛を注げるようにもなるんだと思う。


人って、愛のあるところに集まってくるんだと思う。

人間だって動物だから、自分に水を与えてくれる人のところに行くよね。

だから自分に愛がいっぱいあると、いろんな人が集まってくる。そうすると、余裕を持って相手に接することができるようにもなるよね。

no.
23

「悪いのは自分だけじゃないよね」で、切り替えられるってよくない？

ケンカの原因はコミュニケーション不足

世の中では、ぺこりんと僕は仲の良い夫婦だと思われているかもしれない（実際に、仲良しだけど）。

さっきも少し書いたけど、もちろんケンカすることだってある。たいていは、コミュニケーション不足が原因になることが多い。

夫婦とはいえ、もともと赤の他人。ついつい「考えたらわかるじゃん」って、自分の「普通」を押しつけてしまいそうになる。

だから、しっかり話し合う機会をもうけておかないと、すれ違うのなんてあっという間。とくに、子どもが生まれてからは、本当にコミュニケーションが重要だと思うようになった。

子育ては、うまくいかないことの連続。

子どもの成長って、ものすごく速い。ママもパパも子どもの成長に合わせて、新しい経験を重ねて、大変なことも乗り越えて、一緒に成長していくもの。

だから、ママとパパになったときの会話って、本当に大事。

子どもの成長とともに、「いまの子どもの様子」と「いまの自分の考え」が、どんどんアップデートされていく。

知らなかったことや、目まぐるしく変わっていく日々の出来事を、普段からしっかり共有しておかないと、どちらかが置いてきぼりになってしまう。

人は、どんどん変わっていく。それは愛情が薄れるとかそういうことじゃなくて、成長するから変わっていく。

情報共有をサボればサボるほど、「こうするのが当然だと思っていた」とか「これが普通でしょ」といった摩擦が起きて、ケンカになってしまう。

もちろんお互い育児や仕事で疲れたときは、「今日はもう寝て、明日にしよう」ってこともあるけど、できるだけ今日起きたことをアップデートして共有するのが重要。

ケンカして、仲直りするのはだいたい僕のほうから。

ケンカ自体、だいたい僕のいたらないところを、ぺこりんに指摘されて「なるほどね！」って納得することがほとんどだから。

でも、ときにはどうしても謝りたくないときもある。そういうときは、ぺこりんが察してくれるのか、彼女のほうから歩み寄ってきてくれる。

「助かったー」

そういうときは正直、そんな気持ち。


「しゃーない、しゃーない」


ぺこりんとは付き合い始めたころから、お互いに高め合える関係性ってあるんだなと感じていた。

それまでの恋愛って、どこか「愛している＝甘い蜜を吸う」みたいな感じだったけど、僕にとって、ぺこりんは違った。きちんと話しあって心を埋めあって、お互いを良い方向に持っていける関係。

最初のころは、周囲の人から「ぺこの彼氏って、女の子っぽくて変じゃない？」と言われたりもした。

そのとき、とっさにファッションを男っぽく変えてみたりして、あんなに嫌だった中学時代のように自分を偽ろうとした。

「てこ（ぺこりん）が好きになったのは、そんなりゅうちぇるじゃない。女の子みたいに、カワイイりゅうちぇるが好き。自分を思う存分表現する、りゅうちぇるが好きなんだよ」

そう、ぺこりんは言ってくれた。

ぺこりんからはたくさんの言葉をもらったけれど、この言葉はよく覚えている。

ぺこりんも、自己肯定感の高い女性だ。きっと僕より、高いんじゃないかな。

口癖は「しゃーない、しゃーない」。

「ああ、どうしよう」って、あたふたしているところも見たことがなくて、悩んでいるところも、ほとんど見たことがない。

何かトラブルが起きても、いい意味で「でも悪いのは、てこだけじゃないよね」と考えられる人。

もちろん失敗したことは反省するし、相手を貶《おとし》めるようなことは言わない。けれど、いい意味で環境のせいにできたり、人のせいにできたり、その場を乗り越えるための言い訳をつくれたり……。笑いに変えている。

そうやって自分の心を守れるって、すごいと思うし、尊敬もしている。

初テレビには、1秒も映っていなかった

僕たちが結婚する前、「原宿に面白いカップルがいる」ということで、テレビに声をかけてもらったことがある。

そのときは、ぺこりんの彼氏として撮影されたけど、放送を見たら僕が登場するところは、すべてカットされていた。

Twitterにも「テレビ出まーす!」って告知しちゃっていた……でも全然映っていない。

すごくショックで「もう最悪だ」って泣いちゃった。

そんなときも、ぺこりんが、すごく優しく慰めてくれた。

「りゅうちぇるらしくなかったからやん。てこはいつもの、りゅうちぇるが好きだよ」

そう言われて気づいた。

なんで変にカッコつけちゃったんだろうって。

彼氏として出ることになっていた僕は、ぺこりんに迷惑をかけてはいけないと思って、いつもの自分を表現できていなかった。思いっきり自分を出してよかったのに……。

そんなふうに、僕はぺこりんの優しさにいつも助けられている。

no.
24

「イクメン」なんて言葉、
なくなればいいのに。

「それって当たり前じゃん」

僕は「父親」「母親」といった性別で、家事や育児を分けることはしたくない。育児の中で、女性にしかできないのは「おっぱいをあげること」。それ以外のことなら、男にもできる。

僕たちは「父親だから」とか「母親だから」ではなく、「てこは、こっちが得意だから」「りゅうは、こっちが好きだから」といった感じで、お互いを助け合っている。

僕は、イクメンって言葉が苦手。

「イクメン オブ ザ イヤー2018」をいただいたときも、本当はイベント中ずっとモヤモヤしていたし、「イクメンなんて言葉、なくなればいいのに」とSNSに書いたら、周囲の大人たちにさっそく怒られた。

だから、ここで書くとまた怒られちゃうかもしれないけれど、ママが仕事をしているときに「今日はパパが子どもを見てくれています」って言うと、「いいパパですねー」

とか「イクメンですねー」なんて反応をする世の中は嫌だなって思う。

むしろ、「ママが毎日していることを、なんでパパだけ褒められるの？　それって当たり前じゃん」って世の中になってほしい。

そもそも、ママがやって褒められなくて、パパがやって褒められることなんて一つもないから。

パパとママのスキルの差

でも、ママたちにも言いたいことがあって。

育児って、やっぱり「子どもといる時間の長い」ほうが、積極的に情報を伝えてくれないと、どんどんそこに格差が生まれていくものだと思うから。

もし、普段ママのほうが、子どもに触れている時間が長いのであれば、放っておくとパパとの情報やスキルの差がどんどん開いていってしまう。

てきぱきと育児をするママを見ていたら、パパは気後れしちゃうかもしれないし、何か手伝ったときに、「それじゃない。考えたらわかるでしょ」「効率悪い」なんてため息つかれたら、やる気もうせちゃうかもしれない。

もし、パパのほうが子どもと接する時間が短いのだとしたら、うまくできないのは当たり前。そのスキルの差を、コミュニケーションで埋めていくことができれば、パパも育児をしやすくなるんじゃないかなって思う。


前に、子どもがおもちゃで遊んでいたときに、僕は口に入れて飲み込んでしまうと危ないと思って、あわてて取り上げたことがあった。

でも、それを見ていたぺこりんが「このサイズなら、もう大丈夫やで。おもちゃ、返してあげてね」って教えてくれた。

ここではじめて、僕の情報が「このサイズのおもちゃは、もう大丈夫なんだ」とアップデートされる。

ぺこりんは、毎晩、その日どんなことをしたのか、何を食べたのかを細かく教えてくれるし、僕もそれを聞くようにしている。

そうすることで、僕たちの間にある情報やスキルの差が少しずつ埋まっていく。僕も安心して子どもと接することができる。

僕がもし〝いいパパ〟だと思われているとしたら、それは、ぺこりんのおかげ。僕にきちんと共有してくれているからだと思う。

たとえ長い時間を過ごした夫婦であっても、「ありがとう」や「つらい」「悲しい」って気持ちは、言葉にしなければ察することなんてできないんじゃないかなって思う。だから、お互いに考えていることは、きちんと言葉にして伝えること。

子どもができたら会話が減るってよく聞くけど、僕たちは子どもが生まれたからこそ、ちゃんと言葉にして会話することが増えたような気がする。

子どもが寝た後に、コミュニケーションの時間をつくるようにもしている。

ママの幸せは子どもにも伝わる。逆に、ママのストレスも子どもに伝わる。そんなママを癒してあげたり、守ってあげたり、優しくしてあげたり、幸せにしてあげられるのはパパだと思う。

子育てで、実はパパが果たしている役割ってすごく大きい。そして、パパがいろんな役割を果たせるためにも、ママはパパにいっぱい話をしてほしい。

no.
25

親と子は
一緒に成長していく
「横並び」の関係。

他の子どもと比べてしまう

「どうしてうちの子は、他の子と同じようにできないんだろう」

そんな話を、子育て中のパパやママから聞くことがある。周りと同じようにしていないと、成長が遅いって心配になるのかな。

僕は子どものころから、周囲から「普通じゃない」と言われて育ってきた。そもそも男の子の遊びをするのが嫌だった。

ショッピングモールとかでやっている「戦隊もの」のショーに連れていってもらっても、うれしくなかったし、面白さもわからなかった。むしろ泣いてしまっていた。母が僕のために頑張ってとってくれた最前列の席だったのに。

敵と戦っているのを見て、大盛り上がりしている周囲の雰囲気が怖かったし、嫌だった。だから、僕も「他の子と同じようにできない子ども」だったのかもしれない。

子育てをしていると、これまで気づかなかったことに気づかされることが多い。

子どもが生まれる前は、僕のほうが「きちんと教えてあげなくては」とか「導いてあげなくては」って思っていた。

でも、親と子は主従関係じゃなくて、一緒に成長していく横並びの関係だといまは考えている。

イヤイヤ期でお水をこぼしたり、物を壊したりしても（本当は親にとって大変だけど）、「お水をひっくり返したら、どうなるか知りたがっているんだ」「物を壊して分解して、その仕組みを知りたがっているんだ」と観点を変えてみる。

僕は、子どもの好奇心の邪魔をなるべくしないようにしている。

もちろん時間的に余裕が持てないときもあるから、常にというわけにはいかないけれど、そういう視点からできるだけ考えようと意識している。

男の子がピンクを着てもいいんだよ

子どもと一緒に成長していくという面で意識するのが、ダイバーシティのこと。

僕は「男だから」「女だから」といった言い方をしないように、日ごろから気をつけている。「奥さん」「旦那さん」といった言い方もせずに、「パートナー」という言い方をしている。

男の子のおもちゃは青色が多くて、女の子のおもちゃはピンクが多い。戦隊ものは男の子が主人公のことが多い。

そういうシーンに出会うたび、ジェンダーバイアスがかからないように、僕は「男の子がピンクを身につけてもいいんだよ」とか「女の子が男の子を守ってもいいよね」と伝えている。

王子様の迎えを待つお姫様のお話を読み聞かせる場合も、「女の子から告白してもいいんだよ」と伝えたり、「どうして男子トイレと女子トイレは青と赤なのかなー?」「どうしてバービーのコマーシャルには、男の子はほとんど出てこないのかなー?」と投げかけてみたりして、考えるきっかけをつくるようにしている。

自分の子どもが大人になったとき、僕は、本人が「大事にしている自分」を愛して受け入れられるような人になってほしいと願っている。

no.
26

こんなにもいろんな
意見のあふれる世界に、
飛び立っていくなら。

「才能を止めるようなことを言って、ごめんね」

僕は両親に愛されて育った。このことは、僕に子どもができてから、強く実感するようにもなった。

母はいつも「大好きだよ」という言葉をかけてくれていた。

「りゅうを妊娠したときも、生まれてきてくれたときも、すごくうれしかったんだよ」

と言葉で伝えてくれた。

父も龍のタトゥーを入れてまで、僕が生まれてきたことを祝福してくれた。

学芸会や運動会、授業参観に来ても、

「りゅうが一番、目立っていた」

「りゅうが一番、カッコよかった」

「りゅうが一番、輝いていた」

って、いつも褒めてくれた。

父も母も、愛の言葉をたくさん与えてくれた。

小さいころの僕は、お人形遊びが好きで、「そんなのは男らしくない」と周囲に言われて落ち込んでいたときも、両親は「りゅうはりゅうのままでいるほうが素敵」と言ってくれていた。だから、自分はこのままでいいのだと思えた。

さすがにメイクを始めたころは、「こんな派手な服装やメイクをして大丈夫なの？やりすぎじゃない？」と言われるようになった。一時期は「そんなの普通じゃないよ」と言うこともあった。

でも、その言葉も僕をバカにしているわけではなくて、本当に心配してくれているとわかったし、言葉の裏に愛を感じていた。

だから僕も反発するのではなく、「大丈夫だよ。東京では、いまこういうの流行っているんだから」と、きちんと自分の意志を伝えられた。

そのうち両親も、テレビに出る僕や、僕のファンのみんなのことを見て理解してくれるようになった。

「あのころは、りゅうの才能を止めるようなことを言って、ごめんね」

僕はそんなところにも、両親の愛を感じている。

僕の両親は、僕が3歳のときに離婚している。だから、いつも家族がそろっていたわけではない。

父と母は性格が全然違っていて。母は細やかな人だったけれど、父は典型的な「なんくるないさー（何とかなるさ）」の性格。

子どもの僕から見ても、「この二人は真逆の性格で、よく一緒に暮らせていたな」って思うくらい。

でも、父は父のやり方で、母は母のやり方で、僕をとても愛してくれた。

そのことが、「僕は僕らしく生きていいんだ」という自己肯定感を高めていってくれたのだと思う。

折れない心を育ててあげたい

僕に子どもが生まれてからは、父と母がしてくれたように、愛を〝与える〟だけではなく〝伝える〟ようにもしている。

「私たちは、あなたがいるだけでうれしい。あなたは無条件に愛されているんだよ」

たとえ僕に何の武器がなくても、親から無条件に愛されていると思えたから、自分を見失わずに生きてこられた。だから子どもにも、「僕はいつも親から愛されている」と思って生きてもらいたい。

親が子に「愛」を言葉で伝えることをサボると、子どもは「自分はいなくてもいい存在なのかな」って思ってしまうかもしれない。

だから僕は、「生まれてきてくれてありがとう」と毎日一回は、言葉にして伝えている。

同じ困難に直面したとしても、やっぱり自己肯定感の高い人は、その逆境を乗り越えやすい。転んだとしても、起き上がるまでの時間が速い。

誰だって、長い人生のなかでは必ず困難に直面するし、転ぶことだってある。

失敗やトラブルを乗り越える力は、「自己肯定感」という言葉に置き換えられるように思う。

大人になってから自己肯定感を高めるのは難しい。だから、子どものうちに、できる限り高めておいてあげたいなって思う。

前に、子どもが生まれたときにタトゥーを入れて、いろんな意見をもらったときの話を書いた。

このとき、僕は思った。

「この子もいつか、こんなにもいろんな意見のあふれる世界に飛び立っていくんだな」

キツい言葉にもさらされることがあるだろうし、いろいろな価値観にぶつかって悩むこともあるかもしれない。

でも、それが「世の中」だ。

だとしたら、そんな世の中に出ていったときに、折れない心を育ててあげたい。自分の信念を曲げずに生きていける子どもにしてあげたい。

だから僕は、子どもにたくさん「愛」を伝え続けている。

それが、この子の強さになると思うから。

Chapter 5

こんな世の中で生きていくしかないなら

no.
27

最初から「無理」だって、
自分を「値下げ」する
必要なんかない。

「好きなことを夢にしてもいいのかな」

いまは情報が多すぎるのか、僕たちは「人の失敗」をたくさん見てしまう。だから、自分が挑戦するよりも先に、「きっと無理だ」って思ってしまう。

そういうのを、「さとり」って言ったりするのかもしれないけれど、僕はそれをすごくもったいないことだと感じている。

どんなことでも、自分で経験して、自分の力で試してみないとわからない。

僕のSNSには、「夢が見つからない」という相談がたくさんくる。

でも、「人の失敗」を見すぎたせいで、自分が何が好きなのかさえ、わからなくなっているんじゃないかな。

忘れられない出来事がある。

ある地方に握手会に行ったときに、超可愛いファッションの女の子が来てくれた。もうスカウトしたいくらい！

その子が、「りゅうちぇるに相談がある」と言って尋ねてきた。

「私には夢がないんですけど。どうすれば、夢を見つけることができますか？」

そのときはあまり時間がなくて、ゆっくり話すことができなかったけど、彼女の格好を見て、「すごくオシャレでメイクが綺麗だけど、ヘアメイクをやりたいとかって思ったことないの？」と聞いてみた。

「もちろんメイクは大好きだけど、自分がそのメイクを仕事にしていいなんて、考えたこともなかった」

一発で決まる夢なんてない

日本の教育って、人生にはレールがあって、そのレールの上をうまく歩くことを求めているような気がする。たとえば、良い学校に行って、良い会社に入って……というような。

でも、みんながその想定されたレールを歩くわけではないよね。

実際に社会に出てみたら、レールなんて存在しないことがわかる。

何もないところを歩くのは、誰だって不安。失敗したら……って考えてしまうけど、それは見方を変えたら、「無限に可能性がある」ってことにはならないかな。

一回で成功する必要なんてないし、寄り道して遠回りすることが、結果的に近道になることだってある。

他人の結果を見てやめようと思えるくらいなら、やめちゃっていいと思う。そのくらいの気持ちなら、夢は叶わない。

レールなんてそもそもないんだから、やり方がわからなくて当然。だったら、やる前に不安になるよりも、まずやっちゃっていろいろ試したほうがいい。

失敗することもあるし、これやっぱり違ったって思い直して方向転換することだってあると思うけど、それでいいんじゃないかな。

だいたいは失敗するものだと思って、それでも「毎日楽しいからいいや」って思えるほうを選べばいいんじゃないかな。

だから、僕は思う。

「夢」って確かに大きく聞こえるけど、最初から「リスク」を考える必要はないんじゃないかなって。最初から「無理」だと思って、自分の価値を下げる必要なんかない。

そもそも、すぐに叶う夢なんて、そうそう見つかるわけがないし、僕だって古着屋をやりたいと思って東京に出てきたのに、いまもその夢は叶っていない。

あと、よく言われるのが「若いうちはいいけれど、年をとったらもう失敗できないよね」という言葉。

でも、それって本当かな。

僕はまだ20代だけど、死ぬまでいろいろな壁にぶつかり続けると思うし、そのたびに学び続けていくんだと思う。

自分の可能性を年齢で区切ってしまうのは、違う気がする。

年をとったって、どうせ失敗ってするもん。「年齢」という枠を判断基準に考えるのって、僕は好きじゃないかな。

年齢を重ねていっても、みんなそれぞれに価値があることには変わりはないんだから。

「夢」ってなくていいかも

とは言いながらも、一方で、「夢なんかなくてもいいんじゃない」とも思う。

もちろん、夢があったら、それに向かって頑張れることもあるし、モチベーションも上がる。夢に向かって頑張っている人って、輝いても見えるよね。

でも、いまを生きるのに精一杯なら、無理に夢を持つ必要なんかない。夢がないことに焦る必要もない。

夢なんかないけど、目の前のことをひとつひとつ頑張っている人の姿も、僕には同じように輝いて見える。

少しでも自分にとって気持ちのいい方向に進んでいくだけでも、いいんじゃないかな。

no.
28

たぶん死ぬまで、
「世の中」のことなんか
わからない。

変わることは悪いことじゃない

上京して、芸能界で仕事をするようになって、結婚して、子どもが生まれて……。

そのつど、僕は新しい世界を知ることができたし、考え方が変わるきっかけもあった。

でも、これからも知らないことにいっぱい出会うと思うし、そのたびに学んでいくんだと思う。

それはきっと死ぬまで終わらない。


そのあいだに、自分の色が変わっていくこともあると思う。むしろ、変わっていかなきゃいけないのかもしれない。

きっとそれが、成長しているということだから。

いまの自分にとらわれず、変わっていく自分の色を楽しんでいきたい。

そうやって、ずっと死ぬまで成長していくのが人間なんだろうな。

完璧な人間なんて、この世にはいない。

どこまでいっても、絶対に僕は「完成」なんてしない。

いつだって、考え方が変わる瞬間はある

何歳になっても、考え方ががらりと変わる瞬間ってあると思う。僕にとっては、子育てが大きかった。

子どもが生まれる前までは、「この子にはこういうことを教えてあげたいな」とか「この世の中で生きていくためにも、こういうことをしてあげたいな」とか、いろいろなことを思い描いていた。

でも、子育てで何が一番大変かって、親の思いどおりにならないことの連続だということ。

子どもが生まれる前は、仕事にしても恋愛にしても、自分だけが努力しておけばよかった。だけど子育ては、すべてが子どもを中心にして動くんだよね。

だから、修業じゃないけれど、自分にどれだけの決めつけがあったか、偏見を持っていたかということにも気づかされる。

育児書を読んだりしていろいろ準備するのもいいけど、実際はその通りにいかないことのほうが多い。

結局は親と子も別人格だし、相性だってある。親子でも「人それぞれ」。

そういうことも含めて自分たちに合った生き方を探りながら見つけていくほうが、愛のあふれる暮らしになるんじゃないかな。

そこに気づけたことは、僕の中でターニングポイントといってもいいくらい、大きな出来事だった。

いつまでも完璧になれるわけがない

「あの人よりもいっぱいしゃべって、テレビに映るぞ！」

テレビに出始めたころ、僕には「ライバル」を設定して頑張る癖があった。

「ライバル」が僕より、テレビで笑いをとっていたり、テレビに映っていたりすると、くやしい気持ちになった。

でも、子育てをするようになってから、「どうしてまったく違うフィールドの、まったく違う路線を歩いている人と自分を比べていたんだろう」って思うようになった。すごく無駄なことをしているようにも感じた。

その人と自分を比べて頑張ろうと躍起になることで、いつもとは違う自分になってしまうような感じで、空回りしてしまう。これがあとからすごくモヤモヤする。

もちろん、ライバルがいるから頑張れるという人もいる。

でも、僕には向いていなかった。

自分を誰かと比較して頑張ったところで、限界がある。きっともうその時点で、その人以上にはなれない。

それよりも、自分の好きなところをとことん伸ばして、「ここだけは絶対に負けない！」と思えるような武器をつくるほうが、大切だと思えた。

それに気づけたのも、子育てで「人それぞれ」を強く思うようになったから。

考え方が前とはガラッと変わったように、おそらく30歳、40歳になった僕は、きっといまとは違った考え方をするのだと思う。

いつかこの本を読み返したときに、「へえ、26歳のりゅうは、そんなこと考えていたんだね」って思うかもしれない。

僕は、いまの自分が全然ゴールだと思っていない。

叶えていない夢もたくさんある。

前に、僕はアンチの言葉にもあまり嫌な気持ちはしないと書いたのは、自分が完璧な人間だと思ってないから。

いまの自分が考えていることを「まだまだ未熟だったな」って懐かしく思えるくらいに、僕は成長していきたい。

そんな日が来ることが、楽しみでもある。

「堅さ」より「柔らかさ」

僕が年を重ねていくときに、一番怖いのは「堅い人間」になってしまうこと。

年を重ねるにつれて、経験だって増えていくけど、いつの間にか「これはやっても無駄でしょ」「どうせできないでしょ」って、やる前から決めつけるようになるのが怖い。

若いときは、ある意味、何も知らない、経験が少ないからこそ、いろんなところに無邪気に飛び込んでいけるし、いろんな人の意見も素直に聞けた。

でも、それは年を重ねても、実はそんなに変わらないんじゃないかな。

重ねていく経験だって時間がたてば、古くなるし、役に立たなくなることもあると思うから。

だから僕は、いつまでも「柔らかさ」を失わずにいたい。

no.

29

自分の幸せの軸を
他人にゆだねて、
何になるの？

それぞれがお互いを認め合う時代に

僕はもともと、「人に期待をする」人間だった。

家族や恋人だけじゃなく、友だちにも。

だから、「僕はこれだけのことをしてあげているのに、この人からは何も返ってこない」って、ひとりで勝手にイライラしたり、落ち込んだりすることもあった。

「どうしてこんなに愛を与えても、戻ってこないんだろう。自分は愛を与えてもらうのに、ふさわしい人間じゃないのかな」って思うこともあった。

でも、それって自分勝手なことなんだよね。勝手に期待して勝手にがっかりしているんだから。

「人に期待する」って、自分の幸せの軸を他人任せにしているのと同じ。

恋愛でも、浮気されたとか、裏切られたとかっていうけれど、信じていたのはこちらの勝手なんだよね。

「信じていたのに」って気持ちになるのは、やっぱり幸せの軸を相手に置いている。相手を責めるのは、ある意味ラクなこと。自分に見る目がなかったと反省しなくていいから。でも、いつまでも自分の幸せを他人にゆだねていたら、本当に幸せになれる日なんかこないいんじゃないかな。

自分の幸せは自分で決める。

人に幸せを決めつけられないことって、大事なことだと思う。

芸能人がテレビに出なくなったら、人気がなくなって「不幸せ」に見えることがあるかもしれない。けど、本当のところは、本人にしかわからない。

僕は、いまはバラエティの仕事はできるだけセーブしている。

「りゅうちぇる、テレビ出なくなっちゃったね」と思う人もいるかもしれないけど、いまは興味のある分野についていろいろと知っていきたいし、時間も使っていきたいと思っている。

子どもができたときに受講した育児セラピストの勉強をするのも楽しかったし、食育の勉強をするのもすごく楽しかった。ＬＧＢＴＱやＳＤＧｓ（持続可能な開発目標）についても、もっと知りたい。

でも面白いことも好きだから、そんなときはＹｏｕＴｕｂｅで「沖縄ヤンキー」や「沖縄ギャル」にときどき変身する。

これが、いまの僕の「ジョブスタイル」。

テレビにいっぱい出て活躍しているほうがすごい！　成功している！　なんて思う人がいるかもしれないけど、僕にはもうその考えはなくて、どちらかと言うと、自分の好きなことを仕事にしていきたいって思う。

ここ数年で、いまの自分が一番大好き。


だから、人の幸せなんて、はたから見てもわからない。

自分の幸せを人に決められる必要なんてないんだから。

「常識」だって時代とともに変わっていく

僕は行ったことのない国や、それまで接したことがない人たちの生活を、本やネットで知ることが好きだ。

いろいろな世界を知れば知るほど、その人たちがどのような背景を持って発言しているのかを想像できるようになるし、自分と違った人のことを思いやれるようにもなる。


これからは、それぞれの個が尊重される「多様性」の時代。

僕が小さかったころと違って、「人と違う」ってことを、褒め言葉として受け取る人も増えてきたんじゃないかな。

僕は芸能界で仕事をしているから、「人と違わないと抜きん出ることはできない」と自然と思うようになった。

それまでは「人と違う」というのは、僕にとってはバカにされたり、からかわれたりする言葉だったけど、いつしか褒め言葉になっていた。

これが「普通だ」「当たり前」「正しい」と思われていた「常識」だって、時代とともに変わっていくんだから。

僕が「人と違う」と言われたことを受け入れられたように、あなたも、そのままの自分を「それも個性だよ」って、自分の中で認めてあげてほしい。

僕らは「社会」を生きている

多様性って学べば学ぶほど、人間って複雑だとも思う。

ただ、誤解を恐れずに言えば、多様性って「すごく便利な言葉」でもある。

「多様性が大事だということを否定する人も認めなければ、多様性ではない」というパラドックスを含んでいるように感じることもあるから。

「多様性を認める」ということは、なんでもかんでも好き勝手したり、言いたい放題いったりしていいわけではない。なんでもありなんかじゃない。

僕らは「社会」を生きている。

「あなたはあなたの好きにしていいよ。自分も勝手にするから」ってことになれば、逆に孤立を増やすだけじゃないかな。

だから、僕が考えているのは、お互いの「好き」や「大切にしているもの」を認めて、尊重していくこと。それぞれにとって生きやすく、幸せを実感できる世の中をつくっていくこと。

簡単なことではないけれど、それが僕にとっての「多様性」。

人前に出ることが好きな人もいれば、裏方で支えることが好きな人もいる。クラスの中には、陽キャもいれば、陰キャもいたはず。

「同性愛」「異性愛」も同じ「愛」だし、僕はすべての「愛」は美しいと思っている。


それでよくない？

どちらか一方だけで、世の中は成り立っているわけじゃないから。


話が一周ぐるっとまわって、最初に戻るけれど。

自分を認めてあげて、そして相手を認める。

その先に、みんなにとって、柔らかくて安心できる社会があるんじゃないか——僕は本気で、そう思っている。

no. 30

「平和」を続けていくって、どうすればいいんだろう？

戦争は決してひとごとじゃない

沖縄には「慰霊の日」（6月23日）という特別な日がある。

沖縄全部が「改めて平和について考えよう」という空気になる日だ。

沖縄って、ハッピーで明るいというイメージがあるかもしれないけど、6月23日の雰囲気はとても重い。

「慰霊の日」には、糸満《いとまん》市の平和祈念公園で追悼式が開かれる。

そして、子どもたちが毎年「平和の詩」を朗読する。全国のニュースでも朗読の様子が流されることもあるから、けっこう有名だと思う。

あの場で朗読するのが子どもだから、意味があるのかな。僕もあの子たちと同じで、戦争を知らない世代。

ひとごとじゃないと思えるし、僕も刺激を受けて、戦争のこと、平和のことを、子どものころから考えるきっかけになっていた。

沖縄って、戦争について知る機会がすごく多い。

社会科見学では防空壕に行くし、いまだに住宅地で不発弾が見つかることもある。

おじい、おばあから戦争当時の話を聞く機会も多い。

当時10代だった僕の父方の祖母は、「アメリカに捕まるくらいなら、爆弾で死のう」とする県民も多いなか、なんとか逃げて生き残ることができた。

かつて宜野湾《ぎのわん》市にあった僕の家の前には普天間飛行場があり、ヘリコプターや飛行機が爆音を響かせて飛行するのが当たり前の景色だった。

「危険と隣り合わせだ」と実感したのは、2004年に米軍ヘリが沖縄国際大学に墜落したとき。小学校3年生だった僕は、友だちと本屋を出て、タコライス屋に入ろうとしていた。

ヘリが上空で旋回するのを眺めていたら、急に止まって、垂直に落ちた。

その光景は、いまでも鮮明に覚えている。

平和を願って「うーとーとー」

沖縄では、戦争や基地について、何も思わないほうが不思議。すぐ近くに米軍基地があって、なぜ基地があるのかを考えたら、戦争の話になる。罪のない人同士が殺し、殺されるのは残酷だ。

僕自身は直接会ったことはないけど、祖父は戦争で日本に来た米兵。戦後、沖縄で祖母と出会い、僕の父が生まれた。

離婚して、祖父は米国に帰国した。

祖母は祖父について、あまり多くを語らなかった。

戦争について、祖母はこう話していた。

「戦争は人を変えてしまう」

上京してからも、6月23日は僕にとって、忘れてはいけない日。

Twitterでは毎年、「慰霊の日、平和を願い『うーとーとー』をします」と投稿している。

「うーとーとー」は、沖縄の言葉で「手を合わせて祈る」という意味。

「平和」を守っていくためには、過去を「昔のことだから」で終わらせないことが大切だと思う。

僕自身、大事な家族を持ち、その存在の大きさを知ったことで、戦争や平和のことをますます考えるようになった。

「平和」を続けていくには、どうすればいいのだろうって。

沖縄は、琉球王国の時代から武器を捨てて「戦わない」という選択をしてきた。

もちろん、いろいろな条件や理由があってのことだけど、いまの僕の考えと重なるように感じた。

自分の生まれた場所のルーツを深く知っていくことも、自己肯定感を高めることにつながっていく気がしている。

沖縄には悲しみにもまれた歴史があるけれど、ポジティブに明日へ向かう力もある。
もっと沖縄のことを知ってほしいから、「平和」のバトンをつないでいきたいから、
僕はＳＮＳで発信を続けていく。

おわりに

僕のSNSには最近、50代、60代の方からのコメントがたくさん届く。
50代、60代って、僕からすると親の世代で、そういう方たちにも、僕の言葉に共感してもらえるのは、とてもうれしい。

「これが世の中だって決めつけていたけれど、いまの若い子やりゅうちぇるの言葉を聞いてハッとした。こういうふうに生きていいんだ」

正直言って、僕は親世代の方たちから、そのような言葉をいただけるとは思っていなかった。

若い人たちだけじゃなく、僕らの親世代も、自分の「好き」を大事にしながら、それぞれがお互いを認め合うような、そんな「世の中」に共感してくれている。

僕の言葉が、みんなの生きやすさに、ちょっとでも役に立つことができたなら、うれしいなって思う。

「自分らしい生き方」や「子育て」について、取材されることが多くなって、連載を持つようにもなった。

その影響もあって、僕の意見や考えていること、経験してきたことを話す機会も増えていった（狙っていたわけじゃ全然ないんだけど）。

テレビに出たばかりの僕は、典型的な「おバカキャラ」。

そのときは、「ウザい、目ざわり！」なんてことも、たくさん言われたけど、ここ2、3年は「おバカキャラ」のころとは違った層の人たちにも、注目してもらえたり、応援されたりするようになった気がする。

「りゅうちぇるの考え方に触れて、見る目が変わった」とも言ってもらえた。

「見る目が変わった」って、僕にとってはすごくうれしい、やさしいなと感じる言葉だった。

「おバカキャラ」のときの僕も、「いま」の僕も、どちらもそのときの本当の自分。

でも、僕は「いま」の自分が好き。そうやって、10年後も20年後も50年後も、「いまの自分」が好きでいられるように成長していきたいと思う。

自分の「色」を持って、相手を「認」めて、「共」感して、「愛」すること——。
「色認共愛《しきにんきょうあい》」
僕は自分でつくったこの言葉を、この4文字を大切にしている。

最後にくり返すけど、

諦めること、
割り切ること、
逃げること、
戦わないこと。

そして、
期待しないこと。

僕は世の中に期待はしないけど、自分のことを愛して生きていく。

だから、みんなにも自分の価値や点数を簡単に下げないでほしいなって思う。

みんな「特別」な存在なんだから。


この本ができたのも、いつも応援してくれるみんなのおかげです。

僕の本を読んで、気持ちが少しでもラクになったり、軽くなったりしてくれたなら、これほどうれしいことはありません。

本当にありがとうございました。

僕はみんなのことを愛しています（ちょっと綺麗事かな？）。

りゅうちぇる
（ｒｙｕｃｈｅｌｌ）

ryuchell りゅうちぇる
タレント、株式会社比嘉企画代表取締役。本名・比嘉龍二。1995年9月29日生まれ、沖縄県出身。ヘアバンドと個性的なファッション、強烈なキャラクターで注目を集め、バラエティ番組などに多数出演。2016年12月、モデル・タレントのpecoと結婚。2018年にはRYUCHELL名義で歌手デビューを果たしたほか、NHK「高校講座」では「家庭総合」のMCに抜擢される。
一児の父となった現在は、育児や多様性に関する発信が注目を集めている。

こんな世《よ》の中《なか》で生《い》きていくしかないなら

2021年10月30日　第1刷発行
2023年 8 月30日　第4刷発行

著　者／りゅうちぇる
発行者／宇都宮健太朗
発行所／朝日新聞出版
〒104-8011 東京都中央区築地5-3-2
電話 03-5541-8832(編集)
03-5540-7793(販売)

印刷製本／大日本印刷株式会社

© 2021 Ryuchell
Published in Japan by Asahi Shimbun Publications Inc.
ISBN978－4－02－331967-7
定価はカバーに表示してあります。
落丁・乱丁の場合は弊社業務部(電話03-5540-7800)へご連絡ください。
送料弊社負担にてお取り替えいたします。